Die Berichte der

sächsischen Truppen

aus dem Feldzug 1806 (XII)

Ergänzungen (II)

Beiträge zur sächsischen Militärgeschichte zwischen 1793 und 1815

Heft 77

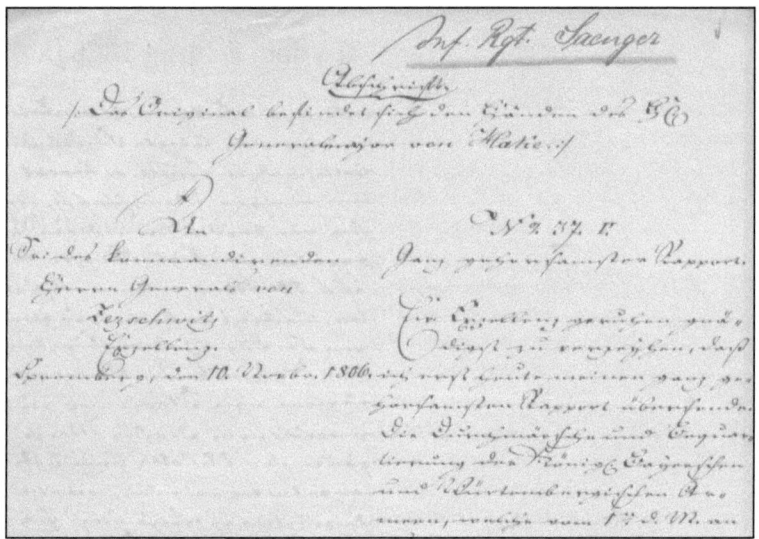

Abb. 01   Faksimile abschriftlicher Bericht des
Capitains v. Mühlen vom 10.11.1806

Die Berichte der

sächsischen Truppen

aus dem Feldzug 1806 (XII)

Ergänzungen (II)

Bibliographische Information der Deutschen Bibliothek

Die Deutsche Bibliothek verzeichnet diese Publikation in der Deutschen Nationalbibliographie; detaillierte bibliographische Daten sind im Internet über http://dnb.ddb.-de abrufbar.

Die Deutsche Bibliothek – CIP – Einheitsaufnahme

Jörg Titze (Hrsg.)

Die Berichte der sächsischen Truppen aus dem Feldzug 1806 (XII)

Ergänzungen (II)

ISBN 978-3-7568-5095-2

© 2022 Jörg Titze

Herstellung und Verlag:

BoD – Books on Demand, Norderstedt

Inhaltsverzeichnis

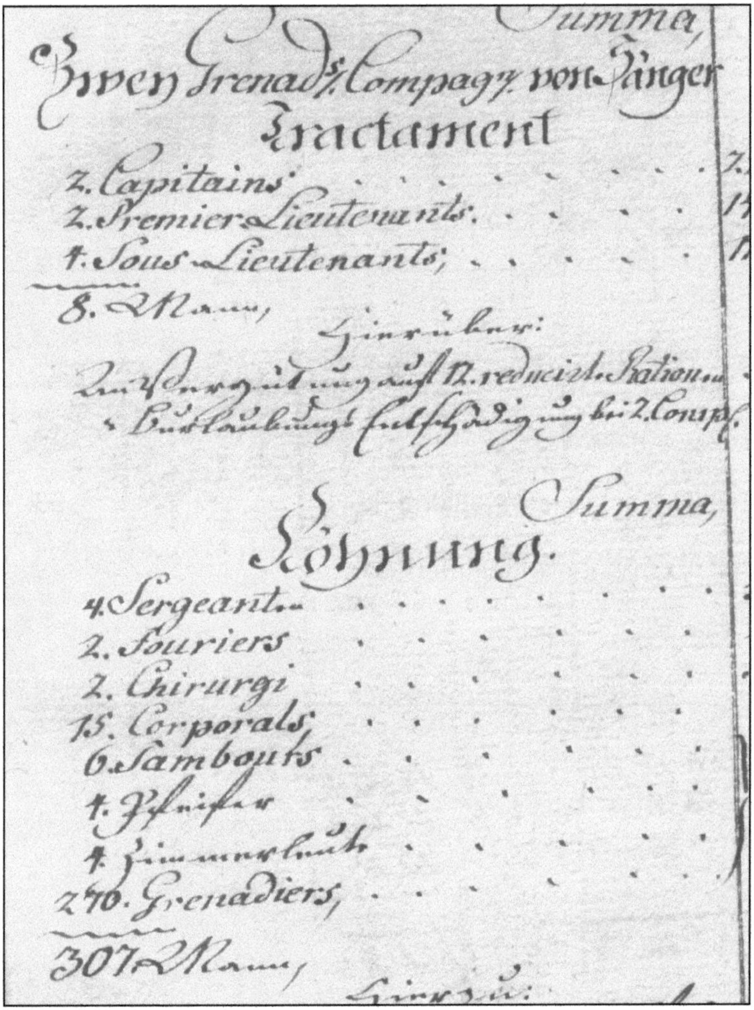
Summa,

Zwey Grenad. Compag. von Sänger

Tractament

2. Capitains . . . .

2. Premier Lieutenants . . . . .

4. Sous Lieutenants; . . . . .

8. Mann,

Hierüber:

Zur Vergütung auff 12. reducirt. Ration
Beurlaubungs Entschädigung bei 2. Comp.

Summa,

Löhnung.

4. Sergeant . . . .

2. Fouriers . . . .

2. Chirurgi . . . .

15. Corporals . . . .

6. Tambours . . . .

4. Pfeifer . . . .

4. Zimmerleute . . . .

270. Grenadiers, ...

307 Mann,

Hierzu:

Abb. 02 Auszug aus dem Feld-Verpflegungsreglement für die beiden Grenadierkompanien des Regiment Sänger

1.   Einleitung

In diesem Heft werden ein Tagebuch des Artillerieleutnants Aster und mehrere Berichte zu den Grenadierbataillonen v.Lecoq und v.Metzsch wiedergegeben.

Das Tagebuch Asters[1] hat sich in der Militärgeschichtlichen Sammlung[2] auffinden lassen. Es handelt sich dabei um eine 1846 übergebene Abschrift[3] der im Jahr 1807 verfertigten Erinnerungen, die in Hinsicht auf den inneren Dienst einer Batterie einiges an Details zu bieten haben.

Auch haben sich einige Abschriften von Berichten sächsischer Truppen aus dem Feldzug 1806 im Nachlass des Generalleutnants Freiherr Clemens Franziscus Xaverius Cerrini de Monte Varchi (* 16.12.1785 in Luckau und † 05.06.1852 in Pillnitz) auffinden lassen[4].

---

[1] Carl Heinrich Aster, Sousleutnant im Feldartilleriekorps mit Patent vom 06.03.1806

[2] Hauptstaatsarchiv Dresden Bestand 11 372 No. 309 Erinnerungen

[3] Das die Abschrift von 1846 mit dem Original 1807 identisch ist, wird vorausgesetzt. Dies in Frage zu stellen steht mir nicht zu. Dennoch bemächtigen sich meiner leise Zweifel, ob das Original nicht doch in guter Absicht vor dem Hintergrund des „Vormärz" bearbeitet wurde. Weiterhin sind Aussagen wie *„da wir damals noch keine leichte Infanterie besaßen und das ganze Tiraillleurwesen nicht kannten"* vor dem Hintergrund der bestehenden Einrichtung der Regimentsschützen auch für einen Artillerieoffizier im Jahre 1807 nicht angemessen.

[4] Cerrini stand 1806 als Sousleutnant (Patent vom 08.11.1805) beim Regiment v.Thümmel, was sein Interesse an Berichten dieses Regiments erklären kann, da sich in den hinterlassenen Papieren nicht nur die in diesem Heft wiedergegebenen sondern auch die bereits in Heft 3 abgedruckten Berichte befanden.

Die Originale dieser Berichte befanden sich - gemäß entsprechenden Vermerken auf den Abschriften - im Besitz der Generalmajors von Hake[5].

Begleitend hierzu seien empfohlen:

- a) der Montbé[6], die wohl beste gedruckte Quelle zu den sächsischen Truppen in diesem Feldzug.
- b) der Bericht eines Augenzeugen[7]

Dem interessierten Leser wünsche ich eine interessante Lektüre.

Eilenburg im November 2022   Jörg Titze

---

[5] August Wilhelm Ernst von Hake (* 05.02.1764 in Petkus, Brandenburg; † 21.10.1842 in Dresden), seit 04.03.1823 Generalmajor

[6] A. von Montbé - Die Chursächsischen Truppen im Feldzuge 1806 - Dresden 1860

[7] R.v.L - Bericht eines Augenzeugen von dem Feldzuge der während den Monaten September und Oktober 1806 unter dem Kommando des Fürsten von Hohenlohe-Ingelfingen gestandenen Königl: preußischen und Kurfürst: sächsischen Truppen - Tübingen 1807

2. Die sächsischen Truppen im Feldzug von 1806

Zum besseren Verständnis ist nachfolgend die Zuteilung sächsischer Truppen zu den preußischen Großverbänden aufgeführt:

Kombiniertes preußisch-sächsischen Korps
Preuß. Generalltn. Fürst zu Hohenlohe-Ingelfingen

Division der Avantgarde
preuß. Generalleutnant Prinz Ludwig von Preußen

Generalmajor von Bevilaqua

Regiment Prinz Clemens	1.+2.Bataillon
Regiment Churfürst	1.+2.Bataillon
4pfd. Batterie Hoyer	8 Geschütze
preuß. Regiment v.Müffling No.49	2 Bataillone
preuß. 6pfd. Batterie Riemann	

Generalmajor von Trützschler

Husarenregiment	8 Escadrons

2.Division des Linken Flügels
Generalleutnant von Niesemeuschel

Generalmajor von Burgsdorff

Regiment Prinz Xavier	1.+2.Bataillon
Regiment Thümmel	1.+2.Bataillon
Regiment Prinz Friedrich August	1.+2.Bataillon
8pfd. Batterie Hausmann	8 Geschütze
8pfd. Batterie Ernst	8 Geschütze

Generalmajor von Dyherrn

Regiment Bevilaqua	2.Bataillon
Regiment Low	1.+2.Bataillon
Regiment Niesemeuschel	1.+2.Bataillon
12pfd. Batterie Bonniot	8 Geschütze

Gen.ltn. von Zezschwitz / Gen.maj. von Kochtitzky

Kürassierregiment Kochtitzky	4 Escadrons
Karabinier-Regiment	4 Escadrons
Chevauleger-Regiment Albrecht	4 Escadrons
Reitende Batterie Großmann	8 Geschütze

Generalleutnant von Polenz

preuß. Füsilierbataillon Boguslawski	
Chevauleger-Regiment Polenz	4 Escadrons
preuß. ½ reitende Batterie Studnitz	

Division der Reserve pr. Generalleutnant von Prittwitz

Generalmajor von Cerrini

Grenadier-Btl. Thiollaz	(Xavier/Clemens)
Grenadier-Btl. Lecoq	(Sänger/Low)
Grenadier-Btl. Lichtenhayn	(Churfürst/Bünau)
Grenadier-Btl. Metzsch	(Friedrich/Thümmel)
Grenadier-Btl. Hundt	(Anton/Niesemeuschel)
Granat-Batterie Tüllmann	8 Geschütze

pr. Generalmajor von Krafft

preuß. Dragoner-Regiment Prittwitz	5 Escadrons
Chevauleger-Regiment Clemens	4 Escadrons
preuß. Reitende Batterie Hahn	

Seitenkorps preuß. Generalmajor von Tauenzien

Generalmajor von Schönberg

Gren.-Btl. aus dem Winkel	(Rechten/Maximilian)
Regiment Rechten	1.+2.Bataillon
Regiment Prinz Maximilian	1.+2.Bataillon
Granatbatterie Kotsch	8 Geschütze
Chevauleger-Regiment Johann	4 Escadrons

3. Die Berichte

Teil I Artillerie enthält

<u>Granatbatterie v.Kotsch</u>

Bericht (Tagebuch) Sousleutnant Aster

Teil II Grenadierbataillone enthält

<u>Grenadierbataillon v.Lecoq</u>

Bericht Capitain v.Mühlen vom 10.11.1806

Bericht Capitain v.Mühlen vom 15.11.1806

Bericht Capitain v.Mühlen vom 03.12.1806

Bericht Capitain v.Mühlen vom 06.12.1806

<u>Grenadierbataillon v.Metzsch</u>

Bericht Oberstleutnant v.Metzsch vom 21.11.1806

Bericht Capitain v.Nostitz vom 07.11.1806

Bericht Capitain Vitzthum von Eckstaedt vom 03.11.1806

Bericht Capitain v.Bosse vom 10.11.1806

Bericht Premierleutnant v.Bünau vom 19.12.1806

Teil III Infanterie-Regimenter

Regiment v.Thümmel

Tagebuch unbekannter Subalternoffizier

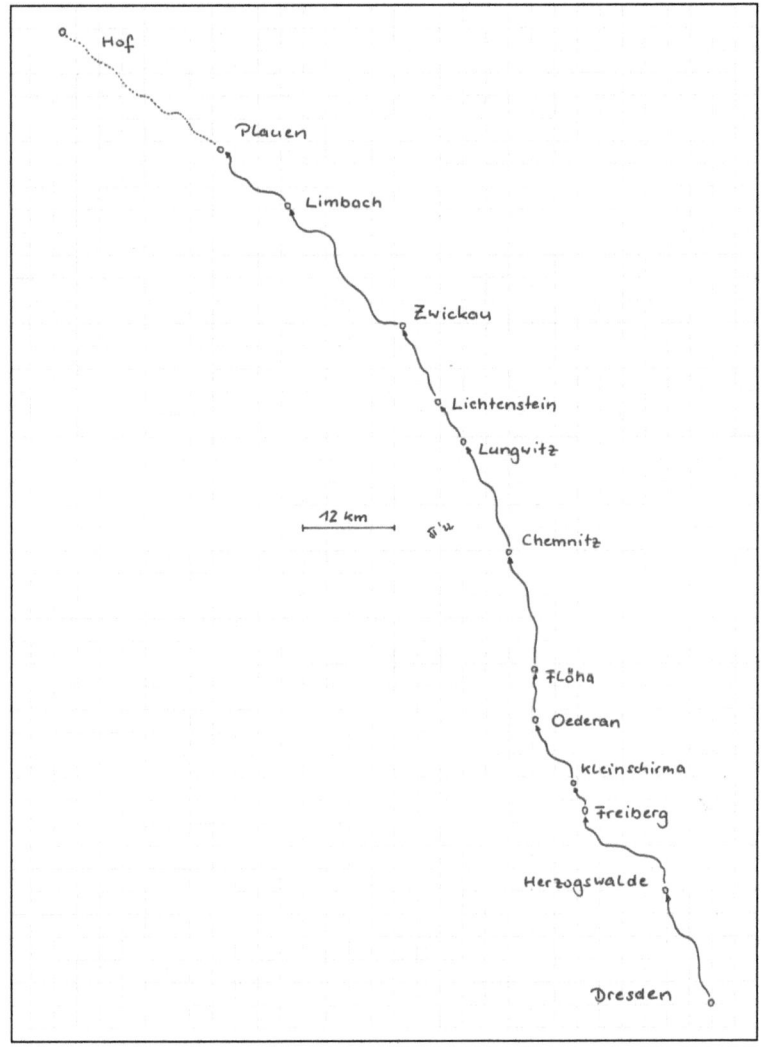

Abb. 03   Marschstrecke der Batterie v.Kotsch
23.09. - 02.10.1806

Teil I

Artillerie

Teil I   Artillerie   Seite

Granatbatterie Kotsch

<u>Bericht Sousleutnant Aster[8]</u>

Nachdem sich die sächs. Armee im Septbr: 1806 mobil gemacht und der Befehl erlassen war, zu dem unter des preußischen Generals Fürsten von Hohenlohe stehenden Corps, welches Sachsen schon durchschritten und sich an der Grenze zwischen dem Thüringer Wald und dem Fichtelgebirge aufgestellt hatte, zu stoßen, wurde nach und nach ebenfalls in diese Richtung abmarschiert.

Demzufolge brach den

23ten September die Grenadstück Batterie unter Hauptmann v.Kotsch Befehl, nebst 10 Stück 4pfündigen Regimentsstücken zu nachstehenden 5 Bataillons auf, nämlich:

4 Stück unter Kommando des Leutnant Raabe /: nachherigen General :/ gingen zum Regiment Prinz Maximilian

4 Stück unter Befehl des Leutnant von Bose zum Regiment Rechten und

2 Stück unter Leutnant Dietrich sen: zu dem Grenadier-Bataillon aus dem Winkel.

Alle vorangeführten Geschütze nebst Bespannung, Munition, Fuhrwesen-Personal wurden erst unmittelbar vor dem Abmarsch beim Pulvermagazin D vor Friedrichstadt summarisch übernommen und diese Artillerie marschierte früh 7 Uhr nach Herzogswalde ab, woselbst die Batte-

---

8 Originaltitel „Erinnerungen aus dem Feldzuge von 1806 / niedergeschrieben im Jahre 1807 / von Carl Heinrich Aster / K.S. Artillerie Leutnant / albschriftlich der Regiments-Bibliothek des Sächs. Artillerie-Corps übergeben von dem Verfasser 1846"

rie gegen Mittag bei schönem Wetter und gutem Weg eintraf und das erste Nachtquartier hatte.

Den **24ten Septbr**: früh um 5 ¹/₂ Uhr ward der Marsch über Freiberg, welche Stadt wir gegen Mittag passierten und beim Fürsten v.Hohenlohe vorbei marschierten, ins Nachtquartier Klein-Schirme fortgesetzt. Wir erreichten dasselbe Nachmittags 2 Uhr.

Den **25ten Septbr**: früh um 5 ¹/₂ Uhr aufgebrochen und gegen 10 Uhr Morgens das Städtchen Oederan passiert. Die Dörfer Flöhe und Plaue waren die für diesen Marsch bestimmten Nachtquartiere, welche wir 12 ¹/₂ Uhr Mittags erreichten. Da die Batterie- und übrigen Artillerieoffiziere sämtlich mit der inneren Einrichtung des Dienstes und der nötigen Aufsicht, des fast durchgängig unbekannten und sich einander fremden Personals sehr beschäftigt waren, so hatten die kleinen Märsche den großen Vorteil die dazu nötige Zeit zu gewinnen, so wie auch die Pferde und deren Wartung zu beaufsichtigen und sie und die Stückknechte an eine gehörige Marschordnung zu gewöhnen.

Den **26ten Septbr**: Morgens 5 ¹/₂ Uhr marschierten wir wieder von Flöhe ab, gingen gegen 10 Uhr Vormittags durch Chemnitz und trafen um 1 Uhr Mittags im Nachtquartier Lungwitz ein.

Den **27ten Septbr**: war Ruhetag, welcher sogleich zum ersten Exerzieren mit bespannter Batterie angeordnet wurde. Dass diese Übung mit lauter Leuten, welche noch kein Kommando verstanden und von einer Batteriebewegung gar keinen Begriff hatten, da es die Zeit nicht zuließ, erst Geschütz- und Sektionsweise die Übungen zu veranstalten, nicht eben zum erfreulichsten ausfiel, kann sich jeder vorstellen, besonders wenn man bedenkt, dass der Batterie-Kommandant nie bei der Batterie zu Pferde war, sondern gewöhnlich erst nach dem Abmarsch derselben sich zu seiner mit sich geführten Konkubine in einen Wagen setzte und nachfuhr, als wenn er gar nicht zu dieser Truppe gehörte; der Premierleutnant dagegen, mit dem Capitain schon seit Jahren völlig gespannt, vor der Batterie her ritt, sich aber nach dem nie umsah, was hinter ihm vorging und alles gehen ließ, wie es wollte. Für mich und den Stückjunker Müller /: nachherigen Hauptmann :/ war dieses das gräßlichste Kommando, was wir je erlebt haben; denn der Kommandant und der Premierleutnant rührten weder Hand noch Fuß, und die jüngeren Offiziere, gehemmt durch das Dasein der Älteren, konnten beim besten Willen nichts machen.

Den **28ten Septbr:** setzte wir früh um 6 Uhr unsern Marsch über Lichtenstein nach Langhennersdorf bei Zwickau fort. Das Geschütz wurde rechts der Straße vor Zwickau aufgefahrenen, die Mannschaft pp. im genannten Dorfe einquartiert.

Den **29ten Septbr:** war ein zweiter Rasttag und wurde derselbe sogleich zu einem zweiten Batterie-Exerzieren benutzt.

Den **30ten Septbr:** gegen Abend 7 Uhr erhielten wir den Befehl, den Marsch Tages darauf nach Reichenbach fortzusetzen.

Den **1sten Oktbr:** wurde der Marsch früh um 8 Uhr angetreten; gegen 9 Uhr durch Zwickau, um 3 Uhr Nachmittags aber durch Reichenbach marschiert und Abends um 5 Uhr in das Nachtquartier Limbach eingerückt. Diesen Tag regnete es sehr stark, wodurch der Marsch außerordentlich wegen des schlechten Weges erschwert wurde.

Den **2ten Oktbr:** brachen wir früh um 6 Uhr aus dem Marschquartier auf, gingen gegen 12 Uhr Mittags durch Plauen und langten um 4 Uhr Nachmittags im Nachtquartier Groß-Zöbern an. Hier wurde ich durch den Hauptmann von Kotsch benachrichtigt, dass der preußische General v.Tauenzien, Befehlshaber der kombinierten preußischen und sächsischen Avantgarde, befohlen habe, mich den 4ten Oktbr: bei ihm in Hof zu melden, um dort die 6 Stück 6pfd.gen preußischen Regiments-Kanonen vom Regiment v.Zweiffel und vom Grenadier-Bataillon v.Herwarth zu übernehmen und eine Batterie daraus zu formieren.

Ich verließ meine bisherige Stellung mit Vergnügen, da es unter dergleichen Kommandanten kein Vergnügen, Ereignissen ernster Natur entgegenzugehen.

Den **3ten Oktbr:** früh um 5 $\frac{1}{2}$ Uhr ritt ich nach Hof und meldete mich beim General Major Grafen v.Tauenzien.

Des Nachmittags ritten der Oberst v.Brandenstein und der Adjutant v.Reitzenstein mit mir vor die Stadt nach Plauen zu, wo die 4 Kanonen des oben genannten Regiments aufgefahren waren. Ich sah selbige durch und fand sehr vieles, was nicht in diensttüchtigem Stand war. Ich bestellte die preußischen Geschütz-Kommandanten, welches Unteroffiziere der Artillerie waren, zu mir, ließ mir die Spezifikation der Geschütze geben und mir sagen, wie ihre Einrichtung in Betreff der Mannschaft, ihr Exezier und die innere Wirtschaft dieser Regiments-Artillerie wäre. Zu meinem großen Leidwesen fand ich, dass sehr viel nicht in dem Zustand war, wie ich mir vorgestellt hatte.

Die Unteroffiziere waren von der preußischen Artillerie zu diesen Geschützen kommandiert, die Bedienungsmannschaft dagegen aus dem Regiment genommene gemeine Infanteristen, die man mit den Handgriffen beim Geschütz bekannt gemacht und darauf eingeübt hatte.

An Munition fand sich weiter nichts vor, als was auf der Protze befindlich war. Ich machte deshalb sogleich eine Meldung an den General und bat um mehrere Schuß, welche ich auch noch den 3ten Oktbr: einreichte.

Den **4ten Oktbr:** suchte ich alles noch Mangelnde, doch so viel sich's ohne Geld tun ließ, herbeizuschaffen; auch sah ich das Geschirr durch, wovon viele Stücke nur mit Stricken zusammengebunden waren. Es wurde das Notwendigste sogleich ausgebessert und in Stand gesetzt; allein, da niemand Geld dazu geben wollte, so hielt es sehr schwer Handwerker zu finden, die diese Gegenstände auf Kredit ausbesserten, weil es vermutlich schon von früherer Zeit her bekannt war, wie schwer es hielt die Bezahlung zu erlangen.

Den **5ten Oktbr:** früh zwischen 8 und 9 Uhr rückte das Korps der Avantgarde unter Tauenzien hinter Hof auf den Höhen nach Plauen zu ins Lager.

Auf dem rechten Flügel stand das preußische Regiment v.Zweiffel, hierauf folgte das 1ste Bataillon des sächsischen Regiments v.Rechten, dann mit einem Zwischenraum von beinahe 800 Schritt das 2te Bataillon dieses Regiment, welches mit seinem linken Flügel bis an die Straße nach Plauen reichte. Jenseits der Straße stand das 2te Bataillon Prinz Maximilian und einige Eskadrons von Prinz Johann Dragoner, welche jedoch in den dort in der Nähe befindlichen Dörfern kantonierten.

Während sich die Truppen zum Lagerschlagen versammelten, stießen die 2 Kanonen des preußischen Grena-

dierbataillond v.Herwarth zu den 4 schon aufgefahrenen
vom Regiment v.Zweiffel an der von Plauen herkommen-
den Straße. Hier sollte ich nämlich den Befehl erwarten,
wo diese preußischen Geschütze ihren Lagerplatz erhalten würden. Ich wartete ziemlich lange und man befahl
nichts. Durch das 2te Bataillon von Rechten aus meiner
genommenen Aufstellung verdrängt, sah ich mich genötigt, die mir angewiesene Stelle zu verlassen und ein
Stück vorzurücken, um jener Infanterie zu ihrem Lagerschlagen Platz zu machen. Und da man immer noch
nichts wegen der Geschütze anordnete, ritt ich selbst
zum General, befragte ihn, erhielt aber den erneuten Befehl zu warten. Nach meiner Rückkehr dauerte es noch
eine lange Zeit, ehe der preuß. Adjutant v.Steinwehr kam
und mir sagte: der General habe befohlen,
die 2 Kanonen vom Grenadier-Bataillon Herwarth auf
dem rechten Flügel des Regiments v.Zweiffel aufzustellen
und die rechte Flanke desselben damit zu decken.
Die 2 Kanonen des 1sten Bataillons sollten bei dessen Fah-
nenwacht aufgefahren und
die des 2ten Bataillons zwischen das 1ste Bataillon v.Rech-
ten und das 2te Bataillon v.Zweiffel ihren Standort erhalten.
Ich ließ alle diese Geschütze dem gegebenen Befehl gemäß abfahren. So wenig man mir bis jetzt befohlen hatte,
so viel befahl man mir von diesem Augenblicke an. Jeder
wollte eine Kanone und zwar der eine dahin und der andere dorthin haben, welches in mir eine höchst traurige
Ahnung für die Zukunft hervorrief, weil ich daraus sah,
dass entweder Niemand oder Alle befahlen und keiner
ein richtiges Kommando führte.

An diesem Abend kamen noch 3 Munitionswagen aus
der Festung Plassenburg mit der verlangten Munition an,

wobei der General v.Tauenzien befahl, diese hinter das 2te Bataillon v.Rechten aufzustellen, wodurch sie beinahe $3/4$ Stunden von ihren Geschützen entfernt wurden, welches große Weitläufigkeit bei den daran vorzunehmenden Ausbesserungen der Wagen erzeugte, denn auch an diesen Fuhrwerken waren, obschon sie erst aus der Festung kamen, zwei Achsen zerbrochen. Alle deshalb gemachten Vorstellungen fruchteten nicht und blieben selbige ebenso unbeachtet, wie die übrigen Vorträge, worin ich die noch vorhandenen sonstigen Mängel und das fehlende angezeigt. Man fühlte die Notwendigkeit und das Richtige meiner Forderungen; allein Niemand wusste woher das Geld zu den Anschaffungen und Ausbesserungen genommen werden sollte, indem man mir sagte, dass monatlich auf jede der 2 Bataillons-Kanonen nicht mehr als 7 Taler Reparatur-Geld gereicht worden wären und die Bataillons-Kommandanten die nötigen Ausgaben davon zu bestreiten hätten. Da nun kein Artillerie-Offizier diese Geschütze revidierte, sondern nur Artillerie-Unteroffiziere bei diesen Regiments-Geschützen standen, welche in diese Geschützwirtschaft wahrscheinlich gar nichts zu reden hatten, so lässt sich leicht erahnen, dass dieses Reparaturgeld auf andere Dinge als die Unterhaltung der Geschütze verwendet worden sei, weil es außerdem unmöglich war, dass sich diese Geschütze In einem solchen Zustand befinden konnten.

Aus Mangel an Geld unterblieb daher das meiste und nur das Allernotwendigste wurde auf vielfältiges Bitten und Zureden von etlichen Handwerkern in Hof, die ich zu mir beschied, gemacht.

Am heutigen Tage rückte das Grenadier-Bataillon v.Herwarth wieder in die Stadt Hof zur Besetzung des Hauptquartiers.

Auf Vorposten standen in dieser Zeit 1 Bataillon preußische Husaren v.Bila, 1 Füsilier-Bataillon v.Rosen und das Grenadier-Bataillon aus dem Winkel.

Den 6ten Oktbr: blieb das Lager unverändert. Das Grenadier-Bataillon aus dem Winkel rückte aber nach Hof und bezog gegen Mittag die Wache.

Des Morgens erhielt das 2te Bataillon v.Zweiffel Befehl, sofort nach Saalburg abzumarschieren, um das schon dort befindliche 1ste Bataillon des sächsischen Regiments Prinz Maximilian zu verstärken. Die zu diesem Bataillon gehörigen 2 Kanonen wurden mitgegeben.

Um die Pferde besser zu versorgen, befahl General v.Tauenzien, die des sächsischen Artillerie-Leutnants Dietrich in die Stadt Hof zu verlegen, die Geschütze aber beim 2ten Bataillon v.Rechten aufzustellen. Die Pferde der noch 4 verbliebenen preußischen Geschütze wurde aber mit der Reveille aus dem Lager in die Scheunen der Stadt gebracht und mit dem Retraiteschuß wieder in das Lager zurückgeführt.

Den 7ten Oktbr: kehrte der sächsische Artillerie-Leutnant v.Bose mit seinen Geschützen von den Vorposten zurück und marschierte gegen Mittag durch Hof ins Lager, wo er die 2 Kanonen des 2ten Bataillons v.Rechten auf dessen rechten Flügel, die des 1sten Bataillons aber an die Straße nach Hirschberg, unweit des daselbst befindlichen Krankenhauses auffahren lassen musste.

Diesen Tag befahl General Graf v.Tauenzien die noch vorhandenen 4 preußischen Geschütze in zwei Teile zu teilen und sie mit sächsischen Regimentsgeschützen auf folgende Art zusammen zu stellen:
Die 2 Kanonen des 1sten Bataillons v.Zweiffel, die beiden des 1sten Bataillons v.Rechten und die beiden des Grena-

dier-Bataillons aus dem Winkel sollten unter Befehl des sächsischen Leutnants v.Bose treten.

Die beiden Geschütze des Grenadierbataillons v.Herwarth, die 2 des Bataillons Prinz Maximilian und die des 2ten Bataillons v.Rechten dagegen sollten ein Batterie formieren und unter mein Kommando gestellt werden.

Der Leutnant v.Bose bat aber, an möchte ihm seine 4 Kanonen des Regiments v.Rechten beisammen lassen. Es wurde dieses auch bewilligt und nun sollte der Leutnant Dietrich mit seinen beiden Kanonen zu mir kommen. Solchergestalt kam der Leutnant Dietrich als älterer Offizier unter mein Kommando /: des Jüngeren :/ zu stehen. Ich benutzte diese Gelegenheit mit Freude, um mich diesem so unangenehmen Kommando der preußischen Regimentsgeschütze zu entziehen und meldete dem General v.Tauenzien, dass ich unter diesen benannten Umständen das Kommando nicht behalten sondern jedenfalls an den älteren Leutnant Dietrich übergeben müsse. Er bewilligte dieses und der Leutnant v.Dietrich sen: erhielt das Kommando über obige zuletzt aufgeführte 6 Geschütze, deren Bestimmung war, zu der Avantgarde des Tauenzien'schen Korps zu stoßen, die aus 2 Jäger-Kompanien unter des Oberst Leutnant v.Kronhelm Befehl, aus dem Füsilier-Bataillon v.Rosen und aus 5 Eskadrons Husaren, die der Oberst v.Schauroth befehligte, zusammengesetzt war und unter dem Oberbefehl des General Major v.Bila stehen sollte.

Da ich nun für meine Person völlig frei war, man mir auch keine Bestimmung anwies, mich aber auch nicht wieder in eine frühere Teilung zurückgehen hieß, indem daselbst nichts weniger als ein gutes Compartement herrschte, so meldete ich mich bei dem sehr achtbaren Leutnant v.Bose und tat bei seinen Geschützen Dienst, wo wir in den kameradschaftlichsten Verhältnissen lebten und alle uns später zu Teil werdenden Beschwerden pp. miteinander teilten.

Gegen 10 Uhr Abends wurde das Lager plötzlich abgebrochen, doch waren an diesem Tage die Batterien nach obiger Anordnung noch nicht formiert, weil dieses erst den 8ten Oktober geschehen sollte. Ich befand mich daher zu diesem Tage noch in Hof, um die angefangene Herstellung der preußischen Geschütz-Bedürfnisse bei den Handwerksleuten besser beaufsichtigen und fördern zu können. Als daher der Generalmarsch in Hof geschlagen wurde, kamen sogleich die in Anspruch genommenen Handwerker in mein Quartier und wollten von mir das Geld für die bereits geleistete Arbeit haben. Da ich nun keinen Pfennig preußische Berechnungsgelder bekommen hatte, so blieb mir nichts übrig, als mich mit den Leuten auf freundliche Weise zu verständigen und ihnen ihre Arbeit und ihren erlegten Kostenbetrag und Arbeitslohn zu bescheinigen, wodurch ich sie nach langen Hin- und Herreden wenigstens von mir entfernte und sie an den Adjutant Vogel verwies.

Die Dunkelheit der Nacht, die Schnelligkeit des Aufbruchs und die vorherige Vereinzelung dieser neu zusammen zu stellenden Geschütze sowie der begonnene Marsch der übrigen Truppen veranlasste diesen Abend manche Schwierigkeit und Unordnung, ehe die sämtlichen Geschütze in vorgeschriebenen Maße abmarschieren konnten. Diesen jählichen Aufbruch veranlasse das auf der Straße von Bayreuth vordringende Korps des französischen Generals Bernadotte; worüber jedoch Niemand etwas Genaues wusste.

Den **8ten Oktbr:** der Marsch ward über Gefell nach Schleiz zu angetreten und wurde bis Nachmittags 3 Uhr ununterbrochen fortgesetzt. Nachdem wir die Stadt passiert hatten, rückten wir auf den Galgenberg; als wir einige Zeit daselbst verbracht, befahl der General Graf v.Tauenzien, dass ein Teil des Korps in die Stadt, der andere aber auf den zunächst liegenden Dörfern sich einquartieren sollte. Dieser Befehl ward sofort vollzogen. Die Geschütze blieben dicht an der Stadt neben der Straße nach Auma stehen und die Pferde wurden in den Scheunen zunächst der Brücke über den Wiesenthalbach untergebracht. Die Mannschaft erhielt in Schleiz Quartier, lag aber sehr zahlreich in den Häusern. Ich bezog mit dem Leutnant v.Bose und mehrerer Mannschaft das Haus, worin schon der Oberst v.Hochheimer von Johann Dragoner lag, der andern Tags beim Gefecht von Schleiz auf der Wahlstatt blieb, indem er durch viele Säbelhiebe von den Franzosen getötet wurde.

Gegen 5 Uhr Nachmittags erscholl plötzlich von neuem der Generalmarsch in der Stadt Schleiz und Umgegend. Alles eilte zu den Waffen, die Artillerie wieder zu ihren Geschützen. Wir erhielten sogleich Befehl, gegen Saalburg vorzurücken. Der Marsch wurde unverzüglich durch die Stadt über Oschütz und Gräfenwarth angetreten. Als wir den dortigen Hohlweg beinahe durchschritten hatten, stießen wir auf die zurückkommenden Truppen, Sachsen und Preußen, welche bereits mit den Franzosen gefochten hatten und zurückgedrängt wurden. Diese uns entgegenkommenden Truppen, welche durcheinander gesprengt und gelaufen kamen, erschwerten uns das Umlenken in diesem Hohlweg ungemein, wobei manches Unglück entstand und der ganze Marsch aufgehalten wurde.

Gegen 12 Uhr Nachts rückten wir wieder in unsere vorher innegehabten Quartiere in und um Schleiz. Die Batterie v.Bose wurde rechts der Straße nach Saalburg dicht vor der Stadt aufgefahren und die Pferde wurden wieder in den Scheunen untergebracht.

Den **9ten Oktbr:** früh gegen 8 Uhr rückte das 2te Bataillon des Regiments v.Zweiffel und das 1ste Bataillon Prinz Maximilian in Schleiz ein.Die zwei 6pfündigen Kanonen des preußischen Bataillons mussten neben den unsrigen auffahren, auch wurden die Mannschaft und Bespannung wie die der übrigen Geschütze untergebracht.

Nach 10 Uhr morgens ertönte das Alarmschlagen in der ganzen Stadt. Mit der größten Schnelligkeit eilte alles zu den Waffen und zu den Geschützen. Der General v.Tauenzien, der eben bei der Batterie vorbei ritt, wie alles zum Abmarsch bereitstand, befahl auf unsere deshalb an ihn gerichtete Frage, wo wir uns aufstellen sollten, die Höhen rechts und links des Dorfes Oschütz zu besetzen. Ich musste auf Befehl des Leutnant v.Bose sogleich vorreiten, um die Punkte der Aufstellung unserer nun aus 8 Kanonen bestehenden Batterie aufzusuchen. Das Terrain fand ich sehr günstig und ritt der Batterie wieder entgegen, wobei ich dem General v.Tauenzien unterwegs begegnete, der bestimmte, dass der Leutnant v.Bose mit 2 preuß: und 2 sächs: die Höhe links und ich mit 2 sächs: Kanonen die Höhe rechts der Straße nach Saalburg besetzen sollte. Die eben erst von Saalburg zurückgekehrten 2 preuß: Geschütze blieben in Reserve.

Der Leutnant v.Bose konnte jedoch nachher nur 3 Kanonen auf der ihm angewiesenen Höhe platzieren, weil er das 4te auf Befehl des General v.Tauenzien zur Deckung der linken Flanke des sächs: Regiments Prinz Johann Dragoner detachieren musste. Zu seiner Deckung bekam er das Grenadierbataillon v.Herwarth. Dicht neben mir standen einige Kompanie des Grenadierbataillons aus dem Winkel und hinter mir einige preuß: Jäger und eine Abteilung Husaren v.Bila.

Die 2 Geschütze vom Regiment v.Zweiffel erhielt später das Bataillon v.Rosen und wurden selbige am Fuß der Höhe aufgefahren, worauf der Leutnant v.Bose stand.

Das jetzt von den Franzosen eingeleitete Gefecht schien mehr eine Rekognoszierung als ein beabsichtigter Angriff zu sein, denn es zeigte sich nur ihre Tirailleurs, die sich mit den preuß: Füsiliers und Jägern herumschossen, wobei auch einige blessiert wurden. Geschütze zeigten sie nicht. Die Jäger rückten en Linie vor und trieben sie über die Höhe in den Busch zurück, von wo aus sie vorgedrungen waren. Der Leutnant v.Bose tat einen Kanonenschuss auf diese Franzosen aus einem 4-Pfünder, erreichte sie aber nicht. Wir blieben bis gegen Mittag in der genommenen Position stehen, welche zur Verteidigung ziemlich vorteilhaft zu sein schien; jedoch konnte ich von meinem Standpunkt nur das übersehen, was gerade vor mir und links seitwärts lag.

Der General v.Bila kam inzwischen zu mir geritten und befahl mir, mit den beiden Kanonen des Regiments von Rechten, die ich eben bei mir hatte, abzumarschieren, durch Schleiz durchzugehen, mich an der Wiesenthalbachbrücke aufzustellen und dort anderweite Befehle von ihm zu erwarten. Dieser Bach ist schmal und ganz seicht, konnte auf allen Punkten durchschritten werden und bot dem Feinde nichts weniger als ein Hindernis dar. Als ich auf dem bezeichneten Punkt anlangte und ganz allein mich daselbst befand, so ließ ich die Pferde füttern und die Mannschaft ruhen. Ich wartete bis gegen 3 Uhr Nachmittags ohne einen Befehl zu erhalten. Das ganze Korps war bereits an mir vorüber marschiert, auch Leutnant v.Bose schon mit seinen Kanonen vorbei. Die letzte Vorpostenkette rückte dem genannten Wasser immer näher und nirgends war ein befehlbringender Offizier wahrzunehmen. Nachdem nun auf mein Befragen ich von einem noch zuletzt vorüberziehenden Husarenkommando die Nachricht erhielt, dass die noch vorstehenden Posten die letzten seien und kein Befehl kam, so verließ ich meinen Standort und eilte nun der Batterie v.Bose nach, um mich wieder an diese anzuschließen. Auch hat später kein Mensch gefragt, warum ich den angewiesenen Posten verlassen; denn da ich mich ohne alle Deckung befand und der Bach auf allen Punkten zu durchwaten und dessen Ufer sofort zu ersteigen war, so mussten diese Geschütze bei einem Vordringen der Franzosen augenblicklich verloren sein.

Wir marschierten nun auf der Straße nach Auma fort und passierten den Galgenberg, woselbst wir den Leutnant Raabe mit 2 Kanonen vom Regiment Maximilian aufgestellt fanden. Uns wurde jedoch befohlen, den Marsch unter Bedeckung des Grenadierbataillons v.Herwarth nach Auma fortzusetzen und stets mit genanntem Bataillon in Verbindung zu bleiben.

Alles ging ganz ruhig von statten und es schien, als ob wir diesen Tag keinen Angriff zu erwarten hätten. Wir erreichten den Wald der sich dicht rechts und links bis an die Straße heranzieht und hatten nun die früheren Bergkeller überschritten. Im Anfange war das Grenadierbataillon immer vor uns, da jedoch die Straße viele kurze jähliche Wendungen machte, so geschah es häufig, dass wir das Bataillon dadurch aus dem Gesicht verloren. Nachdem wir vielleicht 1 bis $^5/_4$ Stunden in dem Wald marschiert waren und eine vor uns liegende größere Straßenstrecke übersehen konnten; fanden wir das bis jetzt vor uns marschierte Grenadier-Bataillon völlig verschwunden und von selbigem nichts mehr zu entdecken war. Die deshalb ausgeschickten berittenen Schirrmeister kamen zurück und berichteten, dass sich das Bataillon nirgends vorfände. Da wir nun noch einen großen Teil unserer Truppen hinter uns wussten und sie noch auf dem Galgenberg selbst passiert hatten, auch eben an der Straßenstelle sich ein Teich befand, wo wir anhielten, um die Preußen suchen zu lassen, befahl der Leutnant v.Bose die Pferde, bis die Schirrmeister wieder zurückkämen, füttern und tränken zu lassen. Der vorausgerittene Unteroffizier rapportierte, dass die Preußen nicht zu sehn wären, weshalb derselbe nun zurück geschickt wurde, um zu sehen, ob sie sich eher seitwärts der Straße im Holze aufgestellt hätten und wir vielleicht hinter ihnen weg vorüber marschiert seien, ohne sie zu bemerken. Während dieser neuen Entsendung eilte der sächs: Leutnant v.Rayski, als Kurier vom General v.Zezschwitz abgeschickt, vom Auma herkommend an unserer Batterie vorüber und fragte nach dem General v.Tauenzien. Wir hatten selbigen früher noch hinter uns gesehen und berichteten ihm, dass er jenen entweder auf der Straße begegnen oder ihn noch in der genommenen Position am Galgenberg finden würde. Die Pferde unserer Batterie fraßen und wurden getränkt, die Leute legten sich auf den Boden und ruhten; alles befand sich in größter Sicherheit, besonders da kein Schuss hörbar war.

Gar nicht lange darauf, als der Leutnant v.Rayski bei uns gewesen, kam selbiger im raschen Pferdegang wieder zurück und rief uns zu, möglichst fortzueilen, weil die

Franzosen sogleich da sein würden und Alles retiriere. Die Pferde wurden sofort aufgezäumt, die Knechte saßen auf und der Marsch unverzüglich im Trabe angetreten, da wir uns ganz allein auf der Straße mitten im dichten Wald befanden; allein, da die Leute diese Marschgeschwindigkeit nicht lange aushalten konnten, wurde der Weg im scharfen Schritt durchschritten. Unterdessen erreichte uns die nachkommende Batterie v.Kotsch, welche sich aber eben so wie wir ohne alle Deckung befand. Auch trafen später die dem preuß: Bataillon v.Rosen mitgegebenen 2 preuß: Kanonen des Regiments v.Zweiffel ein, sodass wir 14 Stück Geschütze zusammen hatten, ohne einen Infanteristen oder Kavalleristen bei uns zu haben. Um aus diesem unser diesen Umständen so ungünstigen waldigen Terrain zu kommen, wurde von Zeit zu Zeit immer ein Stück getrabt und dann wieder eine Strecke im Schritt zurückgelegt. Der Abend rückte mehr und mehr heran, sodass wir unser zu erwartendes Schicksal schon zu ahnen anfingen. Währen dem wir noch in diesem Wald uns befanden, kam Genial v.Tauenzien an uns vorüber gesprengt, begleitet von einigen sächs: Dragonern von Prinz Johann. Wir baten ihn sogleich um Verhaltunsbefehle und um Bedeckung. Er befahl, unaufhaltsam nach Auma zu Marschiren und da keine Mannschaft weiter zu Gebote stand, blieb es hinsichtlich der Bedeckung beim alten.

Mittlerweile erreichten wir eine Holzblöße, worauf der General still hielt und sich umsah. Ich benutzte diesen Moment, ritt zu ihm und fragte, ob er befehle, dass wir einige Geschütze hier auffahren sollten. Er erwiderte jedoch in ziemlichen barschen Ton, dass wir nach Auma fahren und und beeilten sollten. In diesem Zeitpunkt trafen 2 Eskadrons Prinz Johann Dragoner ein, die neben und vorüber jagten und sich auf dem erwähnten freien Platz aufstellten. Von hinten vor aber erscholl der Zuruf: Trab! Trab! Fort! Die Franzosen kommen! Es wurde nun so geschwind als es die Kräfte der Pferde und der Mannschaft gestatteten, zugefahren. In diesem Halt fanden sich 9 Infanteristen vom Regimente v.Rechten zu uns, welche sich aber in Auma wieder von uns trennten.

Vielleicht 1 Stunde vor genannten Ort fanden wir einen tiefen Hohlweg, in den die Straße einmündete. Dieser war mit dem ganzen Bagagefuhrwesen des Tauenzien'schen Korps angefüllt. Um nun die Geschütze durch diese Masse von Fuhrwesen, die teils mit Ochsen bespannt waren und durch die Handpferde Linie glücklich hindurch zu bringen, wurde alles auf die Seite gedrängt und mit Gewalt Platz gemacht; wo kein Raum war, wurden die Bagagewagen umgelegt und an die Seitenwände der Erdböschungen angedrückt. Eben so waren die Wege dicht vor der genannten Stadt und durch selbige völlig verfahren, so dass nichts übrig blieb, als die erforderlichen Wagen umzuwerfen. Die Nacht brach darüber ein und dadurch war der Lärm und die Unordnung nur noch vermehrt. Hunderte von Schlägen fielen sowohl auf Menschen als Vieh in allen Richtungen, doch brachten wir nach unsäglichen Bemühen endlich die Geschütze und Wagen unserer Batterie glücklich durch. Als wir ungefähr gegen 8 Uhr Abends Auma passiert hatten, wussten wir, da unsere Bestimmung nur bis dahin lautete, nicht wohin wir fahren sollten. Durch die noch immer auf dem Weg befindlichen Bagagewagen ward endlich die Batterie doch noch getrennt und mehrere Munitionswagen von ihren Geschützen abgeschnitten. An ein Auffahren und Position nehmen war nun, obschon wir uns auf einem freieren Terrain befanden wegen eingetretener völliger Dunkelheit nicht mehr zu denken, besonders da wir uns wieder ganz allein befanden, aber auch Niemand zu entdecken war, bei dem wir uns einen Befehl oder eine Auskunft hätten erholen können. Da uns durch den Leutnant v.Rayski bekannt worden, dass sich das sächs: Hauptquartier in Gera befände, so schlugen wir und die vorhandene Bagage diesen Weg dahin ein, denn auch die Führer dieser Wagen wussten nicht, was sie machen sollten, indem sie von ihren Regiments-Kommandeuren keine weitere Weisung erhalten hatten. Als wir wiederum einige Zeit in dem daselbst befindlichen Walde unsern Marsch fortgesetzt hatten, trafen wir einen Mann, der uns berichtete, dass ein sächs: Korps bei Mittel-Pöllnitz stände. Wir waren daher sehr erfreut diese Unterstützung so nahe zu finden und setzten unsern Marsch dahin ununterbrochen fort, obschon derselbe wegen der sich immer wieder vorfindenden Begegnungen höchst beschwerlich war. Einige Zeit, nachdem wir diese Auskunft erhalten hatten, begegneten wir den Carabiniers, Kochtitzky Kürassier und dem Infanterie-Regiment v.Thümmel, welche dem sich zurückziehenden Tauenzien'schen Korps entgegen rückten.

Hierbei drängt sich mir aus einem mir begegnenden Umstande auf, alle die jungen Offiziers, die noch keinen Feldzug mitgemacht haben, darauf aufmerksam zu machen, sich, die Lage mag noch so kritisch sein, um Gottes Willen nicht kleinlaut zu benehmen, ihre gesprochenen Worte und Mienen wohl zu beachten und stets mutig zu scheinen, um sich nicht vor ihren Untergebenen zu verraten. Wie sehr in solchen Augenblicken jeder Gemeine seine Vorgesetzten ins Auge fasst, wie er auf jedes Wort lauscht, auf jedes Achselzucken Acht gibt, glaubt derjenige gewiß nicht, der solches noch nicht Gelegenheit gehabt hat, selbst zu beobachten. Man habe sich daher stets in der Gewalt, zeige Ruhe und Vertrauen zu sich selbst, dann wird auch die Mehrzahl besonnen bleiben und nicht kopfloses Zeug unternehmen. An jenem Abend habe ich gesehen, welchen Eindruck lamentable Gesichter und Gespräche erzeugen; der Mann muss Mann bleiben und sich nicht wie eine alte Frau gebärden, die Lage mag so unangenehm sein wie sie will.

Obige Begegnung der vorrückenden Truppen sowie ein neuer eintreffender Teil der fliehenden Bagagewagen hielt unten Marsch sehr auf. Es mochte wohl 12 Uhr Nachts sein, als wir bei Mittel-Pöllnitz eintrafen.

Den **10ten Oktbr**: Der Leutnant v.Bose ritt sogleich zum sächs: kommandierenden General v.Zezschwitz sen: und meldete sein Eintreffen. Er befahl ihm, sich in Mittel-Pöllnitz ein Unterkommen mit seiner Batterie zu suchen. Dieses war aber mit einer Schwierigkeit verbunden, indem alle Gehöfte schon in Beschlag genommen waren. Nachts um 1 Uhr wurde das ganze Korps plötzlich durch das Geschrei: Die Franzosen kommen! alarmiert. Wir ließen augenblicklich wieder anspannen und die Mannschaft herbeirufen. Wie es sich zuletzt ergab, zeigten sich die vorgeblichen Franzosen als unsere befreundeten Truppen, die uns entgegen geschickt worden waren. Um nun nicht wieder unsere Leute zu zerstreuen, schlossen wir uns an diese rückkehrenden Truppen an, rückten hinter das Dorf ins Bivouac und fuhren zwischen der sächs: reitenden Batterie v.Großmann sen: und zwischen dem Regimentsgeschütz vom 1sten Bataillon Prinz Maximilian auf. Bei dieser Gelegenheit passierte das preuß: Regiment v.Zweiffel obiges Dorf, fand daselbst seine Regimentskanonen und nahm solche in der Nacht mit, obschon ihm bekannt war, dass diese mit den sächs: Geschützen unter Leutnant v.Bose Batterie bildeten. Wir fanden daher beim Abmarsch von Mittel-Pöllnitz anstatt 8 Kanonen nur noch 6, ohne dass irgend Jemand etwas darüber angezeigt hatte.

Gegen 5 Uhr Morgens den 10ten Oktbr: marschierte das 1ste Bataillon von Rechten bei uns vorbei; der Leutnant v.Bose meldete sich bei seinem Regimente und erfuhr, dass dieses auf Scharfkommando vorrücken sollte. Er befahl mir, mit den beiden anderen Kanonen des 2ten Bataillons zu diesem zu stoßen. Von diesem Bataillon war jedoch nur noch eine Division übrig, indem dasselbe bei Schleiz vielen Verlust durch Tote, Blessierte und Versprengte gehabt hatte. Wir marschierten durch Borschendorf, gingen links in den Wald und kamen bei Gereuth heraus. Als wir diesen Ort passiert, ward mir durch den Adjutant des Generals v.Tauenzien, Leutnant v.Steinwehr, befohlen, neben dem Leutnant v.Bose aufzufahren, der sich neben der 12pfd.gen Batterie des sächs. Hauptmanns Bonniot aufgestellt hatte. Während dessen wurde aber wiederum befohlen, dass wir eine Reserve-Batterie bilden und und hinter die 12pfd.ge Batterie setzen sollten. Jetzt stießen auch die auch die 2 preuß: 6pfd.gen Kanonen des Grenadierbataillons v.Herwarth wieder zu uns, die auf dem Marsch von uns getrennt worden waren und ebenfalls neben der Batterie Bonniot standen.

Durch Zurückziehung unserer Reservebatterie entstand nun eine Lücke zwischen der 12pfd.gen und der 4 pdf.-gen Grenadstück-Batterie, die sich inzwischen auch eingefunden hatte. Sie wurde daher durch die sächs. Batterie Tüllmann wieder ausgefüllt, doch erhielt auch bald nachher diese eine andere Bestimmung. Gleichzeitig rückten die Infanterie-Regimenter v.Low und Prinz Friedrich ab, wofür deren Platz das Bataillon v.Rosen und das

Grenadierbataillon v.Herwarth, letzteres in einem halb-formierten Quarrée, einnahm, weshalb die Reserve-Batterie ihren Posten weiter links nehmen musste. Dicht am Walde hinter Herwarth stand auf einem freien Platze am Wege, welcher nach Gereuth führt, das Regiment Zweiffel.

Wir verblieben in dieser Stellung bis Nachmittags 2 Uhr. Jetzt bekamen wir den Befehl, links abzumarschieren und stets beim Grenadierbataillon Herwarth zu bleiben. Wir marschierten hinter Borschendorf auf die Straße nach Gera bis Groß-Ebersdorf, von wo aus sich die ganze Kolonne nach München-Bernsdorf wandte, welches wir gegen 5 Uhr Nachmittags errichten. Nachdem wir solches passiert und unsern Marsch bis etwa 7 Uhr Abends fortgesetzt hatten, wurden wir ganz wider unserer Erwartung links seitwärts des Waldes Franzosen gewahr, welche die sächs: Dragoner zurück drückten und diese zum Teil sich durch unsere Batterie zogen. Wir marschierten sofort gegen den Feind auf und machten uns zum Feuern fertig, indessen war es zum Schießen viel zu finster, um die Wirkung des Feuers zu beobachten, daher wir Befehl bekamen, abzumarschieren.

Um nun mehr den Rückzug des ganzen Korps, Sachsen und Preußen, zu decken, wurde eine große Anzahl Reiterei links des Weges gegen die Franzosen aufgestellt. Unser Marsch wurde hierauf ununterbrochen aber sehr langsam fortgesetzt, weil sich der größte Teil der zum Korps gehörigen Bagage voraus befand. Es war dieses der peinlichste Marsch in diesen Tagen, denn kaum war man 50 bis 100 Schritt marschiert, so musste wieder eine Zeit lang angehalten werden, welche Zögerungen jedenfalls durch die dicht vor uns marschierenden Fuhrwerke und Packpferde herbeigeführt wurden. Es ist eine solche

Marschweise nicht allein für Menschen und Pferde höchst ermüdend, sondern gibt auch Anlass, dass sich die Leute zuletzt einzeln verlaufen, die Fuhrknechte auf den Pferden einschlafen und dadurch die Pferde leicht drücken, indem sie keinen festen Sitz dabei haben.

Gegen 12 Uhr Nachts hielten wir an, da sich das Grenadierbataillon v.Herwarth plötzlich und zwar ohne Erlaubnis seiner Offiziere zwischen München-Bernsdorf und Roda im Wald in kleine Trupps auflöste, die sich auf die Erde legten, nicht weiter marschieren wollten und auf allen Punkten anfingen, Feuer anzuzünden und hierzu sogleich ganz Sträucher anbrannten.

Den 11ten Oktbr: Um diesem Unfug auszuweichen und in Betreff unserer Munition Unglück zu verhüten, fuhren wir noch ein Stück über den eingenommenen Bivouac-Platz hinaus und erwarteten nun den Aufbruch des Bataillons, an welches wir gewiesen waren. Allein die Leute dieses Bataillons entfernten sich nach und nach teils in kleinen Trupps, teils einzeln, so dass wir uns endlich wieder völlig verlassen und genötigt sahen, für uns aufzubrechen und ebenfalls fortzumarschieren, doch ohne zu wissen wohin, weil uns die Weisung gegeben war, nur immer bei dem genannten preuß: Bataillon zu bleiben. Durch Zufall stießen wir nach einiger Zeit auf etliche an der Straße liegende Soldaten, nachdem wir uns kurz zuvor in der deshalb unangenehmsten Lage befunden hatten, die einen Batterie- oder Geschütz-Kommandanten treffen kann. Die Straße teilte sich nämlich in zwei, die unter einem spitzen Winkel auseinanderliegen; da wir nun weder wussten wohin wir gehen sollten, noch weniger wahrnehmen konnten, wohin diese beiden Wege führten und es sehr finster war, so kam es auf einen bloßen Zufall an, ob wir die richtige Straße einschlugen oder nicht. Wir suchten daher durch herumtappen mit den Händen, welcher Weg am meisten befahren und von Geleisen durchschnitten war und zogen daraus den Schluß, dass wohl dieser der einzuschlagende sein müsse. Das Glück hatte uns richtig geleitet, wenn obgleich der angenommene Weg sehr eng war und in wässriges, dicht mit Buschwerk bewachseneres Terrain führte, so erhielten wir, als wir obige Soldaten befragten, ob hier schon mehrere Truppen und Fuhrwerk vorbei passiert sein die Bestätigung. Wer war nun froher als wir. Durch obige Leute vernahmen wir auch, dass $1/2$ Stunde vor uns ein Dorf lag, wohin der Leutnant v.Bose gleich schicken und einen Boten herholen ließ. Während des dadurch entstandenen Aufenthalts näherte sich uns das sächs: Grenadierbataillon aus dem Winkel, welches hinter uns folge, durch dessen Kommandeur wir nun erfuhren, dass der Marsch nach Roda gehen sollte. Wir verfolgten daher diesen Weg.

Gegen 4 Uhr morgens wurde 1 Stunde angehalten und dabei den Pferden das noch hin und wieder sich vorfindende Reservefutter vorgelegt auch wurden sie getränkt. Während dieses Aufenthalts traf der sächs: Rittmeister v.Odeleben mit dem Befehl bei uns ein, dass wir Morgens um 6 Uhr das Städtchen Roda passieren sollten. Dieses war jedoch wegen gänzlicher Entkräftung der Mannschaft und der Pferde nicht möglich; denn wir waren nun seit dem 7ten Oktbr: ununterbrochen marschiert oder in Position gewesen und hatten nichts zu essen als mit Mühe ein Stück Brot bekommen, welches wir beim Durchmarsch durch die Dörfer hatten erhalten können. Auch kamen wir, weil wir bei der Arrieregarde standen, am schlechtesten weg, indem die zuvor Eingetroffenen meist schon alles in Beschlag nahmen und wir nirgends mehr etwas fanden. Für die Verpflegung war nirgends gesorgt und unsere Alliierter, die Preußen, waren in diesem Stück nichts weniger als freundlich, daher ein jeder für sich selbst sorgen musste, welches schon den ersten Grund zu der späteren völligen Auflösung der Truppen legte.

Jeder Offizier, welchem ein selbstständiges Kommando übergeben ist, sorge nur ja für den Unterhalt und die Gesundheit seiner Mannschaft. Er kann übrigens noch so strenge bei gerechter Handhabung der Disziplin sein, so wird er sich die Liebe seiner Untergebenen erhalten, denn es ist eine ganz falsche Ansicht vieler Offiziere, in solchen Zeiten den Soldaten durch die Finger zu sehen und nachsichtig zu sein. Es ist dieses der erste Weg zur Unzufriedenheit und zum Aufstand der selben gegen ihre Vorgesetzten. Er teile Freud und Leid unverdrossen und unverzagt mit ihnen, suche es sich niemals bequemer zu machen und teile mit ihnen, wenn er etwas an Lebensunterhalt erhält, so geht der Sachse für ihn in den Tod; wohl aber unterdrücke man jedes Raisonnement und jede laut werdende Unzufriedenheit im ersten Keime durch Nachforschung nach der dazu vorhandenen Ursache. Nur durch Beispiel und ein richtig eingeleitetes Benehmen als Offizier, wird es künftig möglich sein, bei der jetzt milden Disziplin, auf diese Weise durchzukommen. Derjenige Offizier glaube aber auch ja nicht, durch eine unvernünftige Strenge die Leute in Zaum und Zügel zu erhalten, denn im Felde bedarf er tausendfältig die wahre Liebe der Leute und kann sie nicht entbehren. Sie werden dann aus Liebe zu ihm mehr leisten, als durch die entgegengesetzten Mittel. Die richtige Mitte auch hierin beobachtet führt stets am Besten zum Ziele.

Morgens 8 Uhr langten wir in Roda an, passierten diese Stadt und trafen eine Strecke hinter selbiger die sächs: 12pfd.ge Batterie Bonniot und die Batterie Tüllmann sowie auch mehrere Regiments-Artillerie an. Unser Marsch ging bis vor Burgau ruhig von statten. Von hier bemerkten wir einige 1000 Schritt links seitwärts eine Kolonne Truppen, welche man anfänglich für Franzosen hielt, doch klärte es sich später auf, dass solche Preußen waren. Nachdem wir die Brücke bei Burgau überschritten hatten, welche eine Art von Verschanzung hinter sich hatte und von einer darin aufgefahrenen preuß: Batterie bestrichen werden konnte, marschierten wir noch eine $\frac{1}{2}$ Stunde. Jetzt musste halt gemacht werden, um einige Truppen und Fouragewagen vorüber zu lassen, diese letzteren versperrten den Weg jedoch dergestalt, dass Niemand mehr beim Geschütz vorbei kommen konnte. Der Halt dauerte ziemlich lange und die ermatteten Leute legten sich neben der Straße nieder und ruhten. Plötzlich erscholl das schön öfter gehörte Geschrei: Die Franzosen kommen! Sogleich sprangen alle auf und setzten sich in Bewegung. Da wir uns nun eben in einem für Artillerie günstigen d.h. freien Terrain befanden, von wo wir die vor uns liegende und nach Jena führende Chaussee eine große Strecke übersehen und bestreichen konnten, auf welcher angeblich die Franzosen anrücken sollten, so rückten wir mit unseren Geschützen sogleich, durch die Chausseegräben hindurch fahrend, auf das Feld hinaus und fuhren unsere 6 Kanonen rechts und links der Straße auf, protzten ab und setzten uns zum Feuern in Bereitschaft, falls die Franzosen wirklich anrückten, von denen wir jedoch noch nichts gewahr wurden, wohl aber Sachsen und Preußen von Jena her uns entgegen sprengen und laufen sahen, die sowohl Gewehr als Taschen von sich warfen, um desto leichter laufen zu können.

Unsere noch im Fahren wenig geübten Stückknechte warfen bei dieser Gelegenheit, wo sie durch die Chausseegräben fahren sollten, mehrere Munitions- und Grenadwagen[9] dergestalt um, dass die Grenaden überall auf der Straße und in den Gräben herumkollerten. In diesem Augenblick, als wir ausbrachen, kamen noch 6 Regimentstücke, 2 nämlich vom Artillerie-Leutnant Silber, 2 vom Leutnant Blaßmann und 2 vom 1sten Bataillon Prinz Friedrich hinter uns drein und stellten sich neben uns auf, 800 Schritt links seitwärts hinter uns nahm die Batterie Tüllmann auf einer sanften Anhöhe Position, wodurch wir die linke Flanke gedeckt bekamen. Rechts hinter uns stellte sich ein preuß: Grenadierbataillon mit 4 preuß: Kanonen auf und alle erwarteten stehenden Fußes nunmehr den Feind. Wäre dessen Anmarsch gegründet gewesen, so stand uns nichts anderes als Gefangenschaft oder Tod bevor, weil wir dann keinen Rück- und Ausweg mehr hatten, da wir kurz vorher die Franzosen uns hatten folgen sehen. Und da nun die Straße nach Jena diejenige war, auf der wir vor ihnen zurückwichen, auch da das ganze Hohenlohe'sche Korps sich noch nicht vereinigt hatte, sondern dieses erst hinter Jena geschehen sollte, so mussten wir, wenn sich dieses feindliche Vorrücken bestätigen sollte, annehmen, dass die schon auf dem Sammelplatz angelangten Preußen und Sachsen geschlagen worden sein mussten. Die Lage war in diesem Augenblick für uns sehr kritisch, aber die Aufstellung von 22 Geschützen fast in einem Augenblick erfreulich und die Stimmung der dort befindlichen Truppen hervorhebend, denn alle waren bereit, so lange als möglich tüchtigen

---

[9] Anmerkung des Autors: Von woher diese Grenadwagen gekommen, weiß ich nicht, denn zu dieser Zeit herrschte schon überall große Unordnung.

Widerstand zu leisten. Unter der ankommenden flüchtigen Menge schrie man vernehmlich: Kanonen vor!, andere wieder Kanonen fort! usw. Als man den Ruf: Kanonen vor! vernahm, rückte der Leutnant v.Bose mit 2 Geschützen auf der Straße vor, worauf ihm einige der Flüchtigen folgten und sich an ihn anschlossen. Der Leutnant Silber rückte hierauf zur Batterie Tüllmann, Leutnant Blaßmann zu seinem Grenadierbataillon, welches in dieser Krise von Burgau her eintraf und ich marschierte, da man noch immer nach mehr Kanonen rufte, mit den übrigen 4 Geschützen dem Leutnant v.Bose nach, den ich auch bald einholte. Als wir nun ein Stück weiter gegen Jena vorgingen, ergab es sich, dass das Ganze ein blinder Lärm war, der aber den an der Spitze weit vorn befindlichen Truppen einen wahrhaft panischen Schrecken eingeflößt hatte, wobei die ganze Kolonne durch die ersten kopflosen Ausreißer sich völlig in Unordnung und Auflösung hatte bringen lassen.

Die Veranlassung zu diesem schändlichen und unerklärbaren Vorfall sollte nach Angabe des sächs: Artillerie-Premierleutnants Schilling, der sich bei der hinter der Tete der Kolonne marschierenden 12pfd.gen Batterie befand, folgende gewesen sein:

Nachdem die ganze Kolonne schon in dem tiefen Mühltale weit vorgedrungen war und die Spitze derselben ziemlich den Fuß des Berges erreicht hatte, auf den die sehr steile Straße sich vielfach wendend hinanschlängelt und der den Namen die Schnecke trägt, kommt ein preuß: am Kopf blessierter Husaren-Offizier im vollen Rennen seines Pferdes herunter gesprengt. Hinter ihm her ein Diener. Beide schrieen der Spitze entgegen: Kinder rettet euch! Die Franzosen kommen!

Die vordersten Truppen, so viel mir bekannt worden Reiterei, drehten auf dieses Schreien sogleich um, warfen sich auf die in dichter Masse folgende Infanterie in einem schmalen Wege, der vielleicht von 2mal höheren Bergen als die des Plauenschen Grundes eingeengt ist, aber nicht so breit als diese Straße war. Die Infanterie dadurch über den Haufen und nieder geritten, wirft sich nebst der ihr folgenden Reiterei auf die 12pfd.ge Batterie, diese lenkt ein und überfährt die ihr nachfolgende Infanterie, und so vermehrt sich dieses Knäuel von Schritt zu Schritt wie eine Lawine. Alle schreien und haben den Kopf verloren. Die Einzelnen können nichts mehr bewirken sondern müssen dem Strom der Auflösung folgen und werden mit fortgerissen. Eine Menge Leute werden dabei verwundet, Kanonen umgeworfen und zerbrochen, genug Alles was sich in dem Mühltale befand war teilweise völlig, teilweise aber auch nur in kleine Trupps aufgelöst, die bis zu uns geflohen.

Welche Stimmung und welche Hoffnungen dieser Zustand in allen den Übrigen erzeugte, kann sich jeder denken; denn der Verlust einer Schlacht, der wir eben täglich entgegen sahen und auch wirklich entgegen gingen, konnte bei diesen Vorfällen und bei diesem Vorspiele nicht mehr zweifelhaft sein. Es war als ob ein böser Dämon in unseren Reihen herrschte, der auf die ausgesuchteste Weise allen Mut und alles Vertrauen verscheuchte.

Es mochte 5 Uhr Abends sein, als wir Jena erreichten und diese Stadt durchschritten. Mit welchen Gefühlen wir selbiges taten, lässt sich mit Worten nicht beschreiben. Überall sah man Waffen und Kanonen zerbrochen liegen. Die Franzosen konnten keinen schöneren Sieg erhalten und konnte bei diesem Anfang Niemand mehr große Siegeshoffnungen hegen.

Man sah hier deutlich, wie Hochmut zum Fall kann, denn die Preußen standen in der festen Meinung, so wie sie den Franzosen entgegenträten, würden die letzteren sogleich davonlaufen. Leider wechselten aber die Rollen.

Als wir die Stadt durchschritten hatten, noch viele Truppen in dem Mühltale fanden, der Abend nun einbrach und wir auch Fourage und Brot für unsere Batterie zu erlangen hofften, so bezogen wir auf einer sanfteren Höhe rechts der Straße dicht unter Weinbergen, nahe vor der Stadt ein Bivouac. Obschon ein preuß: Magazin sich hier befand, so war es dennoch nicht möglich, die nötigen Lebensbedürfnisse zu erlangen, indem durch die veranlaßte Unordnung alle Läden geschlossen worden waren und sich jeder Bewohner in seiner Behausung hielt. Wir bekamen noch diesen Abend Befehl, den andern Tag auf den Berg, den so genannten Zürch, zu marschieren und daselbst ins Lager zu rücken.

Den **12ten Oktbr:** früh brachen wir der erhaltenen Ordre gemäß auf, doch dauerte es mehrere Stunden, bevor die Artillerie und Bagage den Berg hinaufgebracht werden konnte, an welchen wir die Nacht über gelegen hatten. Wir marschierten hinter der Batterie des Hauptmann von Kotsch längs dem Mühltale fort, die hohe Schnecke[10] hinauf und trafen gegen Mittag auf dem Lagerplatz ein. Als sich der Leutnant v.Bose beim Fürsten v.Hohenlohe mit seinen Geschützen eingetroffen meldete und fragte, wo er denn auffahren solle, da der General v.Tauenzien hier nicht gefunden war, so befahl der Fürst sogleich wieder mit der Batterie nach Jena hinab und an den

---

[10] Anmerkung des Autors: Gegenwärtig ist diese Straße ganz verlegt und in eine sehr schöne Chaussee verwandelt, so dass man sich kein Bild mehr von jenem Wege machen kann.

Schlag zu fahren, wo wir die vergangene Nacht zuge-
bracht hatten und uns vom General v.Tauenzien Befehle
einholen, der sich in der Stadt Jena befände.

Wir fütterten nun von der Fourage, die wir des Morgens
in Jena noch erhalten hatten und gingen des Nachmittags
mit der Batterie nach Jena zurück, wo wir gegen 5 Uhr
auf unserem vorherigen Bivuoacplatz wieder eintrafen.
Da man des Morgens den Leuten das Brot im Magazin zu
Jena verweigert und keines verabreicht hatte, folglich die
Leute auch diesen Tag nichts zu essen fanden, so verlangten sie von mir, während der Leutnant v.Bose den General v.Tauenzien in der Stadt suchte, ziemlich ungestüm
Brot. Um die Leute zu beruhigen, da man uns alle Verab-
reichung aus dem Magazin verweigerte, ging ich nun zu
mehreren Bäckern und war so glücklich, bei einem derselben 90 Stück Brote zu finden. Ich nahm sie sofort in
Beschlag und verteilte sie ohne Weiteres an die Leute,
obschon der Bäcker nicht darin einwilligte, sondern solches verhindern wollte. Indessen die physische Gewalt
war auf meiner Seite, daher auch keine Umstände gemacht, sondern die Brote genommen wurden. Nach vieler Mühe gelang es endlich dem Leutnant v.Bose eine
Anweisung vom preuß: Proviantverwalter zu erhalten.
Ein weiterer Beleg, wie freundschaftlich es die Preußen
mit uns meinten. General v.Tauenzien war nicht in der
Stadt zu finden, folglich auch kein neuer Befehl über unser nächstes Verhalten zu erlangen.

Gegen 8 Uhr Abends hörten wir eine Batterie bei uns
vorüber fahren. Wir begaben uns sogleich an die Straße
und erfuhren von deren Kommandanten, dass es die
preuß: Batterie Studnitz sei. Wir sprachen mit diesem
Offizier und er gab uns den Rat, dass wir retirieren möchten, indem Alles zurückging und wir hier uns auf einem

Punkt befänden, wo mit Artillerie nichts auszurichten sei, was wir auch selbst schon längst gefühlt und diesen Bivouac nur bezogen hatten, um neue Befehle zu erlangen. General v.Tauenzien war aber nicht vorhanden und wir folglich ohne alle Leitung, indem auch keiner seiner Adjutanten aufgefunden werden konnte.

Wir brachen daher gegen 8 Uhr ebenfalls auf und marschierten nach Gutdünken ins Lager zu dem Gros des Corps, woselbst wir gegen 11 Uhr Abends eintrafen. Als wir auf diesem Marsch auf dem Plateau über der Schnecke anlangten, begegnete uns der Fürst v.Hohenlohe abermals. Der Leutnant v.Bose meldete sich wiederum und sagte, dass General v.Tauenzien nicht zu finden gewesen sei und er sich daher für verpflichtet gehalten habe, ins Lager zurückzukehren, weil er bei Jena auf dem eingenommenen Platz geglaubt habe, nicht länger daselbst verweilen zu dürfen. Er befahl nunmehr, dass wir im Lager bleiben sollte, allein nicht wo, weshalb wir ohne weiteren Befehl uns auf den linken Flügel des 1sten Treffens aufstellten und biwakierten. Hier verblieben wir bis

den **13ten Oktbr:** Morgens um 8 Uhr. Gegen 6 Uhr schickte mich der Leutnant v.Bose nochmals nach Jena, um den General v.Tauenzien aufzusuchen und um Verhaltungsbefehle zu bitten. Ich mochte ungefähr noch 1 Stunde von der Stadt entfernt sein, als mir des Generals Adjutant v.Vogel begegnete. Er sagte mir, dass ich vergebens reiten würde, indem er selbst seinen General schon seit gestern suche. Er könnte mir aber soviel sagen, dass sämtliche Artillerie dieses Corps nach Lützerode marschieren sollte. Ich kehrte daher sogleich mit ihm ins Lager zurück und teilte diese Äußerungen des besagten Adjutanten dem Leutnant v.Bose mit, worauf wir auch augenblicklich abmarschierten und beim Durchfahren des 2ten Treffens auf die Batterie v.Kotsch stießen, welche bis dahin ebenfalls noch keinen Befehl erhalten hatte. Diese setzte sich nun gleichfalls in Marsch und folgte uns.

Als wir nun in die Gegend des genannten Dorfes kamen, fanden wir den General v.Tauenzien, welcher die dortige Gegend besichtigte. Er befahl uns nach Passieren dieses Ortes aufzumarschieren und zum Feuern fertig zu machen. Alsbald änderte er jedoch seine Ansicht, befahl wieder aufzuprotzen, durch das Dorf zurück zu gehen und uns hinter einigen Füsilier-Kompanien des Bataillons Erichsen zu stellen. Das hier befindliche Terrain war der Artillerie nichts weniger als günstig; denn vor uns hatten wir eher 250 Schritte breit ein ebenes Feld unterm Schuß sodann aber stieg der Rand eines Grundes an, den wir weder einsehen noch wegen seiner tiefen Lage gehörig beschießen konnten. Rechts seitwärts ohngefähr 400 Schritt befand sich ein Wald, so viel ich mich erinnere der Isserstädter Forst, der sich bis hinter unsere Stellung heraufzog. Links unweit von unserer Aufstellung lag noch näher das Dorf Lützerode. Gingen wir weiter rückwärts, deckte der Kamm, wohin wir eben gewiesen waren, den Rand des Grundes völlig und der Feind konnte von dort herauf ungesehen kommen und völlig sicher viel Truppen zwischen beiden Stellen versammeln. Wir sahen uns daher genötigt auf diesem Punkte stehen zu bleiben, wenn wir das Heraufkommen der Franzosen aus dem Tal einigermaßen erschweren wollten, verabredeten aber mit den vor uns liegenden Füsilieren, dass, sobald sie zum Zurückgehen genötigt würden, uns augenblicklich die Front freimachen sollten, um unser Kartätschenfeuer nicht zu hindern. Diesen ganzen Tag über schossen sich die franz: Tirailleurs mit den preuß: Füsilieren herum, doch behauptete jeder Teil sein eingenommenes Terrain.

Links von Lützerode geschahen von Zeit zu Zeit auch Kanonenschüsse gegen das Cloßwitzer Holz mit Kartätschen, um die sich dort einnistenden Franzosen zu vertreiben.

Mit einbrechenden Abend zogen wir uns gegen 400 Schritt auf eine Anhöhe zurück, um entfernter von dem uns zur Seite liegenden Dorf und Wald zu sein. Um 11 Uhr Abends bekamen wir die Weisung, auf unserer Hut zu sein, in dem uns die Franzosen überfallen wollten. Es wurde dieses von den äußersten Vorposten der Füsiliere gemeldet und deshalb das Feldgeschrei dreimal geändert, wovon wir jedoch nichts erfuhren und schon seit mehreren Tagen dieses nicht erhalten hatten.

Die Nacht über blieb alles ruhig, obschon wir ganz deutlich vernahmen, wie die Franzosen jenseits des Tales auf dem so genannten Napoleonsberg arbeiteten und Stellungen ausbesserten. Wir benutzten diese Ruhe, um uns einmal satt zu essen. Es trieb nämlich gegen Abend ein Schäfer eine Herde Schafe vorüber; unsere Kanoniere machten sogleich Jagd auf einige derselben und schlachteten sie auf der Stelle. Die Felder boten noch Feldfrüchte dar, daher ein ganz gehöriges und gut schmeckendes Souper veranstaltet wurde, welches Alle bedurften, da wir nun seit dem 7ten Oktbr: nichts wie Wasser und Brot genossen hatten.

Den **14ten Oktbr:** Gegen Morgen trat ein so dichter Nebel ein, dass man nicht 20 Schritt weit vor sich sehen konnte, ein Umstand der für Artillerie der allerpeinlichste ist, weil man nie ohne Gefahr, die eigenen Truppen zu verletzten, Gebrauch von dieser Waffe machen kann. Wir berateten uns daher zusammen, ob wir stehen bleiben oder auf unsern Tages zuvor angewiesenen Posten wieder zurück gehen sollten. Leutnant v.Bose und ich waren bald einig darüber und wir verblieben in der die Nacht hindurch innegehabten Position, weil wir hier wenigstens ein freieres Feld vor uns hatten und das heraufkommende Franzosen aus dem Tal so nicht nicht mehr verhindern konnten, da uns der Nebel jede Aussicht benahm.

Bis gegen 8 Uhr Morgens blieb bei uns alles ruhig, obschon links hinter Lützerode sei 5 $\frac{1}{2}$ Uhr heftig mit kleinem Gewehr und Geschütz gefeuert wurde. Plötzlich erhielten wir, ohne von unseren vorliegenden Füsilieren einen Schuß vorher gehört zu haben, ein Feuer aus kleinem Gewehr und Geschütz, wobei die Kugeln des ersteren in die Batterie trafen. Wir eröffneten sogleich ein Kartätschenfeuer gegen das Dorf Lützerode, von woher die Kugeln zu kommen schienen, schossen aber förmlich in's Blaue hinein, weil es unmöglich war etwas zu sehen. Als das kleine Gewehrfeuer immer heftiger wurde und die Infanterie sich zurückzog, auch die Husaren v.Bila im Trabe bei uns vorüber gingen, hielten wir es nicht für ratsam nun noch länger stehen zu bleiben. Es mochte 10 Uhr Morgens sein, wo sich zugleich der Nebel zu heben anfing und wir nun erst sahen, dass sich unsere Truppen gegen 14heiligen hingezogen hatten, woselbst heftig gefochten wurde. Wir nahmen unsere Richtung sogleich dahin und stießen rechts des genannten Dorfes auf das 1ste Bataillon des Regiments Prinz Friedrich und das preuß: Regiment Zweiffel, welche sich beide zurückzogen. Wir rückten in die Intervalle beider Regimenter, protzten ab und feuerten auf die uns gegenüber befindlichen Franzosen. Bis hierher ging noch alles ziemlich in Ordnung, wenigstens waren noch die Bataillone beisammen. Wir konnten vielleicht 6mal die Batterie haben durchfeuern lassen, als der General v.Tauenzien kam und befahl, mit dem Schießen inne zu halten, weil die Reiterei im Vorrücken begriffen sei. Auch konnten wir wenig mit unserm Feuer bewirken, weil wir stets so zu stehen kamen, dass wir ein aufsteigendes Terrain vor uns hatten, indem sich die Infanterie dadurch gegen das franz: Artilleriefeuer deckte. Die Stellen des Terrains waren aber so kurz, dass die Artillerie alleine auf der Höhe nicht füglich stehen konnte, ohne von den schleunig nachdrängenden Franzosen genommen zu werden, da wir damals noch keine leichte Infanterie besaßen und das ganze Tirailleurwesen nicht kannten.

Nachdem wir eine zweite Stellung genommen und unser Feuer wieder eröffnet hatten, beschossen uns die Franzosen aus einer 12pfd.gen Batterie auch mit Grenaden. Wir blieben noch einige Zeit darin, doch entstand mit einem Male eine allgemeine Unordnung unter sämtlichen daselbst befindlichen Truppen, worauf alles so geschwind als möglich retirierte.

Trotz allen unserer gemachten Vorstellungen, dass wir in der Tiefe stets aufgestellt nichts tun konnten, so blieben solche doch unbeachtet.

Das uns zunächst stehende Bataillon Prinz Friedrich schlug jetzt eine Richtung quer Feld ein, wo wir an dem jähen Abhang mit den Geschützen nicht folgen konnten. Bei dieser schnellen Retraite schnitten die Knechte der einen preuß: Kanone die Stränge ab und ritten davon. Das 2te Geschütz derselben wurde gleich anfänglich demontiert und fortgeschickt. Es erhielten dieses die Franzosen in Erfurt. Die 4 sächs: Regimentskanonen wurden nebst ihren Wagen glücklich den Berg hinunter nach Weimar gebracht und auf der Weimar'schen Straße fortgefahren. Kurz vor letztgenannter Stadt formierte sich die Infanterie abermals. Der Leutnant v.Bose fand hier sein Regiment und meldete sich bei diesem, um nun dort zu verbleiben. Ich suchte die Batterie v.Kotsch, um mich nun auch wieder bei dieser zur Dienstleistung zu stellen; allein dieses war mir in diesem jetzt von neuem entstehenden Trouble unmöglich, weil, als die Franzosen ihr Feuer gegen die sich ordnende Masse wieder eröffnete, Alles einzelne fortlief, die Gewehre zum Teil wegwarf oder sie ohne alle Vernunft in allen Richtungen abfeuerte. Jeder suchte nun im vollen Lauf das Weite und trachtete nur darauf, sich zu retten. Ich war mir nun ganz allein überlassen, denn geschlossene Trupps sah man nicht mehr.

Nachdem ich mich vergeblich bemüht hatte, mein Pferd umzuwenden und meine Forschung nach genannter Batterie fortzusetzen, riss mich der Strom der Flüchtigen mit fort. Ich ritt, nachdem wir durch Weimar hindurch waren, ganz allein neben der fliehenden Masse auf der Straße nach Erfurt fort. Mit welchen Gefühlen, kann sich Jeder leicht denken! Die Chaussee war mit umgeworfenen und unbespannten Wagen, Sätteln, Gewehren, Patronentaschen, Tornistern etc. pp. wie besät, so dass man kaum im Stande war zu reiten. Das Schießen der Flüchtigen dauerte fort. Bagagewagen und Blessierte, mitunter auch gefangene Franzosen, drängten sich durcheinander, genug es war eine Auflösung der sämtlichen Truppen, wie ich nicht wünsche, dass sie deutsche und am wenigsten sächs: Truppen je wieder sehen.

Zwei Stunden vor Erfurt stieß ich auf mehrere sächs: mir bekannte Offiziere. Wir setzten unsern Weg gemeinschaftlich bis Erfurt fort, wo wir gegen 9 Uhr Abends vor dem gesperrten Stadttor anlangten. Nach einem 1stündigen Aufenthalt wurde endlich das Tor, vor welchem wir uns befanden, geöffnet. Der Tumult und Zudrang der Menschenmasse fing hier nun nochmals an, wodurch ich von den übrigen Offizieren wieder getrennt wurde. Glücklicherweise fand ich noch im Gasthof zum Giebel am Markt ein gutes Unterkommen für mich und mein Pferd und schlief diese Nacht wie tot.

Den **15ten Oktbr:** Morgens um 9 Uhr verließ ich Erfurt und folgte nun dem allgemeinen Zuge nach Langensalza, wo das Tages zuvor gesehene Spiel erneut zu sehen war. Später traf ich mit mehreren Artillerie-Offizieren zusammen und setzte nun mit diesen meinen Weg über den Harz einschlagend und hinter Magdeburg weggehend fort, ohne noch zu wissen, wo wir eigentlich hin wollten, da sich kein Mensch um uns kümmerte und kein General zu finden war, der Auskunft geben konnte.

Schon längst sehnten wir aber aus den preuß: Truppen heraus zu kommen, mit denen wir uns bisher immer noch untermengt befanden, daher unser Plan dahin ging, wo möglich, nachdem wir die Elbe unterhalb Magdeburg überschritten hatten, wieder nach Sachsen einzulenken; doch konnten wir durchaus nicht erfahren, wie es wohl im Vaterland stünde, bis wir endlich erfuhren, dass der franz: Kaiser Sachsen die angesprochene Neutralität gewährt hatte, worauf wir den Weg über Ziesar nach Wittenberg, Torgau und Meißen einschlugen.

Aus vorstehender kurzen Erzählung geht hervor, dass die Preußen keinen eigentlichen Operations-Plan hatten, dass sie nie bestimmte und sichere Nachrichten vom Feind besaßen, das man bald zu viel, bald zu wenig befahl und nirgends eine gehörige Ordnung stattfand. Die Administration hatte für Nichts gesorgt, denn es herrschten bei der Armee im fettesten Lande der erbitterte

Mangel. Die Artillerie verstand man nicht zu gebrauchen, denn bald wurde sie da, bald dorthin befehligt und ihrer eigentlichen Bestimmung immer wieder entzogen. Die preuß: Truppen hatte man während des Friedens tyrannisiert; diese waren nun froh, eine günstige Gelegenheit zu finden, sich dieser Behandlung zu entziehen. Ihre Auflösung zog die der Sachsen nach sich. Die herrschende Uneinigkeit unter den verschiedenen preuß: Feldherren, wo keiner unter dem andern stehen wollte, setzte endlich dem Ganzen die Krone auf, denn einer ließ den andern im Stich, wo es galt zusammen zu halten. Mit einem Worte: Es fehlte auch hier ein tüchtiger Anführer, der das Vertrauen der Armee besaß.

Bei so gewandten Umständen konnte es nicht fehlen, dass Alles schlecht ablaufen musste, was sich gleich in den ersten Tagen aus der überall herrschenden Ungewissheit abnehmen ließ, da Niemand wusste, wer Koch oder Kellner war und die Franzosen schon im Rücken der Preußen standen noch ehe diese eine Ahnung davon hatten.

———

Anmerk: Vorstehender Aufsatz soll aber <u>nie</u> dem Druck übergeben oder sonst veröffentlicht werden, weil wir gegenwärtig und will's Gott auch später, alle dazu beitragen müssen, nicht neue Erbitterung gegen Preußen hervorzurufen, um Deutschlands Einheit immer mehr herbei zu führen, denn von der Einheit hängt dieses Landes Bestehen ab und wir als Deutsche haben sämtlich darauf hinzuwirken, so viel in eines Jeden Kräften steht, sie herbei zu führen.

Teil II

Grenadierbataillone

Grenadier-Bataillon v.Lecoq

Bericht Capitain v.Mühlen[11]
(2te Grenadierkompanie Regiment Saenger)

Ew: Exzellenz geruhen gnädigts zu verzeihen, dass ich erst heute meinen ganz gehorsamsten Rapport übersende. Die Durchmärsche und Bequartierung der Königl: Bayerischen und Württembergischen Armeen, welche vom 1sten d.M. bis heute gewähret haben und wobei ich selbst mein Quartier zur Erleichterung der armen Stadt an mehrere Herrn Generals habe hergeben müssen, haben es zur Unmöglichkeit gemacht, meine Schuldigkeit eher zu befolgen.

Als nach der unglücklichen Bataille bei Jena am 14ten Oktbr: das Bataillon von Lecoq gänzlich zerstreut, der Retrait über Weimar, Erfurt, Langensalza, Sondershausen und Nordhausen fortgesetzt wurde, so erhielt ich Befehl, nach Breitungen im Amte Roßla zu marschieren, wo 3 Grenadier-Bataillons sich sammeln sollten. Als ich mit den Premierleutnants v.Zeidschuetz[12], v.Zerbst /: welcher eine leichte Fußblessur hatte :/ und dem Leutnant v.Kracht und einigen Mannschaften, die sich von beiden Grenadier-Kompanien des Regiments Saenger bis auf 80 Mann gesammelt hatten, daselbst ankamen, so ging von Se: Durchlaucht dem Fürsten von Hohenlohe die Order ein, sogleich nach Magdeburg zu marschieren. Dieser

---

[11] An Se: des kommandierenden Herrn Generals von Zezschwitz Exzellenz / Ganz gehorsamster Rapport / Spremberg den 10. Novbr: 1806 / Balthasar Erdmann von Mühlen, Hauptmann

[12] Die Stamm- und Rangliste von 1806 gibt satt Zeidschuetz fälschlicherweise Neitschuetz.

Marsch sollte den 18. Oktbr: früh 2 Uhr angetreten werden, allein unglücklicher Weise ließ sich das Bataillon
vom Metzsch unter Order der Hauptmann v.Vitzthum
vom Regiment Thümmel nicht stellen, lief auseinander
und unsere gesammelten wenigen Mannschaften folgten
ungehorsamer Weise und ohngeachtet aller unserer Vorstellungen, dass ein solches Benehmen Lebensstrafe
nach sich zöge, diesem üblen Beispiel. Ich habe diese un-
gehorsamen Leute aufgezeichnet und für meine Pflicht
gehalten, Ew: Exzellenz dieses Benehmen ganz gehorsamst zu melden.

Nur ohngefähr 16 Mann von unseren beiden Grenadier-
Kompanien blieben bei mir. Wir setzten den Marsch nach
Magdeburg fort und kamen daselbst den 20. Oktbr: an.
Den 21. früh 3 Uhr erhielten alle sächs: Offiziers den Befehl, nach Gommern zu marschieren. Dies wurde befolgt.
Als ich und meine vorgenannten Offiziers mit etwa 16
Mann daselbst ankamen, fanden wir kein Unterkommen.
Es verbreitete sich die Nachricht, dass alles nach Barby
gehen sollte, wo Se. Exzellenz der kommandierende General befindlich wäre. Als wir im Begriff waren, die Fähre
über die Elbe zu passieren, kam ein Offizier gesprengt mit
der Nachricht, das alles nach Wittenberg ginge. Ich be-
folgte dieses in forcierten Märschen, kam daselbst den
23. Oktbr: an, fand keine Sachsen, wohl aber viele Tau-
send Franzosen.

Wir nahmen dem ohngeachtet Quartier, welches uns
sehr bereitwillig gegeben wurde und da wir äußerst ent-
kräftet waren, rasteten wir am 24. Oktbr:. Se: Majestät
der Kaiser Napoleon waren selbst in Wittenberg. Wir
nahmen einen Pass von dem franz: Gouverneur in Wittenberg, marschierten den 25. früh ab und kamen den 28.
Oktbr: in Spremberg an und zwar mit mir der Prem:Ltn:

v.Zeidschuetz und v.Zerbst und Leutnant v.Kracht, 3 Unteroffiziers und 16 Grenadiers. Der Sousleutnant v.Bünau, welcher ebenfalls eine leichte Fußblessur hatte, ist vor mir hier angekommen und mit Urlaub nach Sorau gegangen, weil er ohne Geld und ohne Equipage war. Der Sousleutnant v.Salza blieb auf dem Schlachtfelde liegen, wo ihm beide Beine durchgeschossen wurden. Der Sousleutnant v.Dallwitz wurde stark blessiert an einem Beine und wir ließen ihn in Weimar. Der Hauptmann v.Dallwitz befindet sich in Dresden.

Da auf dem verloren gegangenen Brotwagen und 2 Vorspannwagen die sämtliche Equipagen bei dem geschwinden Abbrechen des Lagers bei Jena geladen wurden, so haben die Offiziers von meiner unterhabenden 2ten Grenadier-Kompanie ihre sämtliche Equipage, so wie ich selbst einen beträchtlichen Teil verloren, wobei sich besonders die Kompanieschriften inkl. des Beimontierungsbuches befanden.

Da nach Ew: Exzellenz hohen Ordre vom 4ten d. Monats die Pack- und Proviantpferde an die bedürftigen Untertanen auf dem Lande verteilt und ihnen solche zur Erleichterung und Feldbestellung unentgeltlich überlassen werden sollten, so werde ich selbige übermorgen dem hiesigen Herrn Landes-Ältesten von Obernitz, als welchem das Bedürfnis der Landleute am besten bekannt ist, übergeben, da selbiger ohnedies wegen Annahme dieser Pferde von der Oberamts-Regierung zu Lübben schon einige Anweisung erhalten haben sollte.

Eine unterm 24. Oktbr: gegebene Order vom Herrn Generalmajor und Generalinspekteur v.Oebschelwitz besagt, dass diejenigen Knechte, welche die ihnen anvertrauten Pferde zurückgebracht haben, für jedes Pferd eine Gratifikation von 3 Tl - Gr - Pf von dem aus dem Verkauf derselben gelösten Gelde erhalten sollen. Da nun aber kein Verkauf stattfindet, so frage ich ganz gehorsamst an, ob diese Gratifikation unterbleiben soll. Nach eben dieser Order sollen die noch gegenwärtigen Knechte bis auf weiteren Befehl beibehalten und verpflegt werden. Diese Knechte haben während der ununterbrochenen Märsche und da selbige nebst den Pferden erst bei Glaucha eintrafen, nicht bekleidet werden können. Ew: Exzellenz werden demnach gnädig geruhen, mir zu befehlen, wie es damit gehalten werden soll.

Beigelegt überreiche ich Ew: Exzellenz ganz gehorsamst
a) die Bestandliste
b) die Spezifikation von den verloren gegangen Sachen
von den beiden Grenadier-Kompanien

So eben, als ich diesen Rapport fertige, kommt Se: Durchlaucht der Fürst von Hohenlohe hier an, logiert in meinem Quartier und geht von hier nach Schlesien.

———

Bericht Capitain v.Mühlen[13]

Ew: Exzellenz melde ganz gehorsamst, dass seit dem unterm 10. d.M. an Ew: Exzellenz eingereichten ganz gehorsamen Rapport

bei der 1sten Grenadier-Kompanie
      7 Grenadiers

bei meiner unterhabenden 2ten Grenadier-Kompanie
      4 Grenadiers

---

[13] An Se: des kommandierenden Herrn Generals von Zezschwitz Exzellenz / Ganz gehorsamster Rapport / Spremberg den 15. Novbr: 1806 / Balthasar Erdmann von Mühlen, Hauptmann

sich eingefunden, auch sicheren Nachrichten zu Folge bei meiner unterhabenden 2ten Grenadier-Kompanie

    1 Grenadier in Braunschweig

    1 Grenadier in Zwönzen[14]

    1 Grenadier in Weida

an Blessuren sich krank befinden.

Es fehlen demnach am mobilen Etat

bei der 1sten Grenadier-Kompanie

    1 Sousleutnant

    23 Grenadiers

bei meiner unterhabenden 2ten Grenadier-Kompanie

    1 Korporal, welcher blessiert und außerdem sehr krank geworden sein soll

    23 Grenadiers

_____

Bericht Capitain v.Mühlen[15]

Ew: Exzellenz überreiche ganz gehorsamst die unterm 29. Novbr: d.J. anbefohlene pflichtgemäße Anzeige über die Mobilmachungspferde von den Grenadier-Kompanien des Regiment Saenger.

Pflichtgemäße Anzeige
über die Mobilmachungspferde von den Grenadier-Kompanien des Regiments Generalleutnant Saenger Infanterie

---

[14] evtl. Zwätzen (bei Jena), wo sich ein Hospital befand

[15] An Se: des kommandierenden Herrn Generals von Zezschwitz Exzellenz / Ganz gehorsamster Rapport / Spremberg den 3. Dezbr: 1806 / Balthasar Erdmann von Mühlen, Hauptmann

30 Pferde haben abgeliefert werden sollen und sind auch wirklich abgeliefert worden

In das Standquartier sind

22 Pferde zurückgebracht und an die bedürftigen Untertanen am 21. Novbr. D.J. verteilt worden

———

Bericht Capitain v.Mühlen[16]

Ew: Exzellenz überreiche ganz gehorsamst die pflichtgemäße Anzeige des feindlichen Verlusts, welchen die beiden Grenadier-Kompanien des Regiments Saenger nach der Schlacht bei Jena erlitten haben sowie die pflichtmäßigen Anzeigender verloren gegangenen Equipage und barem Gelde des   Premierleutnants v.Zeidschuetz
und   Sousleutnant v.Bünau
und zeige hierbei ganz gehorsamst an, dass die verloren gegangene Equipage und das verloren gegangene Geld des Sousleutnant v.Dallwitz, welcher an einer Blessur sich krank in Weimar befindet, der Angabe des Premierleutnants v.Zeidschuetz wohl gleich zu schätzen sein dürfte, und werde nicht ermangeln, sobald dessen Anzeige bei mir eingegangen, selbige Ew: Exzellenz gehorsamst zu überreichen.

Ich glaube diese drei Offiziers Ew: Exzellenz Gnade und gnädigen Vorsorge ganz gehorsamst empfehlen zu müssen, da der erlittene Verlust ein so großes Derangement ihrer Umstände veranlaßt, indem besonders der Premierleutnant v.Zeidschuetz und der Sousleutnant v.Dallwitz ganz ohne eigenes Vermögen sind.

---

16 An Se: des kommandierenden Herrn Generals von Zezschwitz Exzellenz / Ganz gehorsamster Rapport / Spremberg den 6. Dezbr: 1806 / Balthasar Erdmann von Mühlen, Hauptmann

Pflichtmäßige Anzeige

Was ich nach der am 14. Oktbr: d.J. gewesenen Schlacht bei Jena an nachspezifizierten Sachen und barem Gelde verloren habe

30 Tl	— Gr	— Pf	1 Mundur, 1 Weste, 1pr. Beinkleider, welche 3 Stücke ganz neu waren
8	—	—	1 pr. Epauletts
10	—	—	1 Interimsrock
16	—	—	2 pr. Beinkleider und 1 Weste
10	—	—	2 pr. neue Stiefeln
10	12	—	7 Hemden
3	8	—	5 pr. Strümpfe
2	—	—	4 Schnupftücher
—	16	—	2 Handtücher
—	14	—	2 Nachtmützen
—	12	—	12 Bindenstreifchen
10	—	—	1 Oberbett, Überzug und Bettuch
3	—	—	1 kupferne Zeltflasche
7	—	—	1 neue Packdecke
—	16	—	1 Puderbeutel nebst Zubehör
—	16	—	Putzzeug fürs Pferd
—	12	—	Schuhbürsten
10	—	—	2 Mantelsäcke
—	16	—	1 pr. Handschuhe
45	—	—	bares Geld
169 Tl	2 Gr	— Pf.	Summa

Standquartier Spremberg, den 1.Dezbr: 1806

Johann Sigismund von Zeidschuetz
Premierleutnant

Pflichtmäßiges Verzeichnis

Derjenigen Sachen, so ich Endesunterschriebener durch den Verlust meiner Equipage verloren habe, nebst dem Betrage derselben an barem Gelde, als:

22 Tl	— Gr	— Pf	1 weiße Mundur nebst Weste und Beinkleidern
5	8	—	1 pr. weißtuchene Beinkleider nebst Weste
4	12	—	1 pr. kalblederne Probestiefeln
12	—	—	6 Hemden
3	—	—	6 pr. Strümpfe
2	8	—	6 Schnupftücher
24	—	—	1 Feldbinde
12	—	—	1 Degen nebst Porte d'épée
11	14	—	1 pr. silberne Sporen
20	—	—	1 silberne Taschenuhr
2	12	—	1 Mantelsack
5	—	—	verschiedene Kleinigkeiten inkl. Feldleuchten, Schreibezeug, Putzzeug, Federn- und Taschenmesser pp.
450	—	—	bares Geld in Conv. Spec. und C.B.
574 Tl	6 Gr	— Pf	Summa

Sorau, den 1.Dezbr: 1806

Rudolph von Bünau
Sousleutnant

Grenadier-Bataillon v.Metzsch

Bericht Oberstleutnant v.Metzsch[17]

Zu ganz gehorsamster Befolgung Ew: Exzellenz Ordre vom 4ten d.M. ermangele ich nicht, denenselben dasjenige anzuzeigen, was sich mit dem unter meinem Kommando gestandenen 4ten Grendierbataillon vom Tage seiner Formierung an bis zum 14ten Oktbr: d.J., als den Tag der Schlacht bei Jena, sowie nachher mit mir selbst zugetragen in der Anlage sub O[18] sowie hiernächst andurch ganz gehorsamst zu melden, dass ich den sämtlichen Herren Offiziers meines Bataillons das lobenswerte Zeugnis von Entschlossenheit auch Mut und Tapferkeit mit allen Recht beilegen übrigens aber hierbei bemerken muss, wie sowohl der Bataillons-Tambour mit sämtlicher Musik nach erfolgtem 1sten Schuß nicht mehr aufzufinden gewesen.

Noch denke ich in Ansehung des Bataillonsgeschützes, dass solches während der Schlacht mit der dem Bataillon rechts gestandenen Batterie Tüllmann agiert und selbige ihr Kartätschenfeuer auf die dem Bataillon großen Schaden zugefügten feindlichen Tarailleurs mit bestem Erfolg effektuiret.

---

[17] An Se: Exzellenz General der Kavallerie v.Zezschwitz Hochwohlgebr: / Wurzen den 21ten Novbr: 1806 / Friedrich Carl Alexander v.Metzsch, Oberstleutnant

[18] sub O ist das Tagebuch des Bataillons vom 21.09. - 23.10.1806, abgedruckt in Heft 35.

Bericht Capitain v.Nostitz[19]
(1ste Grenadier-Kompanie Regiment v.Thümmel)

Dem von Ew: Hochwohlgebr: erhaltenen Befehl zu Folge, habe ich denenselben folgendes gehorsamst zu melden.

Den **14ten Oktbr:** Als Ew: Hochw: den Abend in dem an der Straße zwischen Weimar und Erfurt gelegenen Gasthof mich mit dem gehabten Unfall bekannt machten und mir den Befehl erteilten, das Bataillon nach Cölleda zu führen, wo ich das Nähere erfahren würde, schloß ich mich sogleich an das Bataillon v.Hund an, brach von der Straße rechts aus und marschierte auf Udstaedt, wo beide Bataillone, so vor Hunger und Müdigkeit nicht mehr zu gehen im Stande waren, sich einquartierten.

Den **15ten Oktbr:** Den folgenden Morgen marschierten wir weiter über Schloß Vippach nach Cölleda. Hier traf ich den Herrn General v.Senft mit einiger sächs: Kavallerie, von dem erfuhr ich, dass alles was nach Cölleda gekommen nach Weißensee gegangen wäre.

Beide Bataillone nahmen nun auch ihren Weg dahin und quartierten uns daselbst ein. Hier waren wir so glücklich, Se: Exzellenz Herrn General v.Zezschwitz zutreffen, welcher auch dort übernachten wollte. Von diesem erfuhren wir nachrichtlich, dass alle sächs: Truppen sich auf Sondershausen oder Frankenhausen zögen.

Nach etwa einer Stunde unseres Einrückens in Weißensee kam der Lärm, dass die Franzosen im Anrücken wären, worauf der Herr Obrist Leutnant v.Hund sowohl als ich, um so dringender bewogen fanden, weiter zu mar-

---

[19] An Se: des Hern Obrist Leutnant v.Metzsch Hochwohlgebr: / Geringswalde den 7ten Novbr: 1806 / Karl von Nostitz, Grenadier-Capitain

schieren, maßen Se: Exzellenz Herr General v.Zezschwitz ebenfalls wieder aufbrach. Da wir uns aber in der Folge überzeugten, dass es wohl ein blinder Lärm mochte gewesen sein, machten ebenfalls beide Bataillone einige Stunden darauf in dem Städtchen Greußen Nachtquartier.

Den **16ten Oktbr:** brach ich mit dem Bataillon, welches immer nah dem Bataillon v.Hund attachiert blieb, mit dem frühesten auf, und nach Sondershausen. Ohnweit davon machten wir einen kleinen Halt, bei welcher Gelegenheit das Bataillon v.Hund von uns abgekommen. Auch trat hier der Capitain v.Vitzthum beim Bataillon ein, welchen ich nun als ältester Capitain das Kommando desselben übergab.

Das Bataillon marschierte sodann auf erhaltene Nachricht nach Nordhausen. Hier erfuhren wir durch den Herrn Major v.Egidy des Generalstabes, dass dem Bataillon v.Metzsch, v.Lecoq und v.Lichtenhayn das Dorf Breitungen zum Sammlungsort angewiesen sei, da wir aber heute dorthin nicht mehr kommen könnten, in Nordhausen auf kein Unterkommen vor uns wäre, so möchten wir uns selbiges auf dem nächsten Dorfe zu verschaffen suchen. Der Adjutant v.Trützschler musste aber in Nordhausen verbleiben, um dem Bataillon den weiteren Befehl zu bringen. Dieses bestimmte den Herrn Capitain v.Vitzthum bis Windhausen zu marschieren und dort die Nacht zu verbleiben.

Den **17ten Oktbr:** rückte das Bataillon gegen Mittag in Breitungen ein. Nach einigen Stunden trafen der Adjutant v.Trützschler ein, mit dem Befehl, nach Magdeburg zu marschieren und dieserhalb wo möglich heute noch aufzubrechen, weil das Bataillon auf morgen in Wernigerode eintreffen müsste. Dies war wenigstens das, was Leutnant v.Trützchler mir mündlich von diesem Befehl mitteilte und werden Ew: Hochwohlgebr: solches ausführlich vom Herrn Hauptmann v.Vitzthum erfahren können.

Da es auf heute fast schon zu spät war, den vorgeschriebenen Marsch zu befolgen, so ward bestimmt, den folgenden Tag in einem Marsch bis Wernigerode zu gehen, daher denn das Bataillon

den **18ten Oktbr:** früh um 2 Uhr aufbrach. Hier muss ich Ew: Hochwohlgebr: bemerken, dass bis daher die Hälfte des Bataillons wohl noch beisammen ein konnte, ohngeachtet ich nicht mit Bestimmtheit den Bestand der übrigen Kompanien anzugeben vermag, so kann ich doch nach der Vergleichung mit meiner Kompanie, welche nach der in Breitungen gehaltenen Revision in 67 Mann bestand, auf obige Angabe schließen.

Das Bataillon ward demnach, wie schon gedacht, nach 2 Uhr aufgestellt und marschierte rechts ab, daher meine Kompanie die Queue.

Nachdem ich vom Herrn Hauptmann v.Vitzthum erfahren, dass der Marsch über Uftrungen und Stollberg gehen sollte und wir schon Tages zuvor von Uftungen herangekommen waren, so fiel es mir auf, dass wir nach ohngefähr 3/4stündlichen Marsch an einen Bach und sehr steilen Berg kamen, den wir doch Tages zuvor nicht passiert hatten, dieses und die Nachricht, dass man vorne einen anderen Weg eingeschlagen, bestimmten mich mit dem Leutnant v.Langen an die Tête zu gehen, wo ich dann zu unserer nicht geringen Verwunderung gewahrte, dass der Capitain v.Vitzthum mit der Tete als die 1ste Kompanie von Prinz Friedrich gar nicht dabei war und die

2te von Friedrich sich einen Boten zu verschaffen gewusst, welcher sie - gerade entgegengesetzt - nach Sangerhausen führen sollte. Der Capitain dieser Kompanie, Herr Hauptmann v.Bose, war schon bei Cölleda vom Bataillon weggekommen und da der einzige noch übrige Offizier, Leutnant v.Lenz, Kränklichkeit halber in Breitungen verbleiben musste, so hatte diese Kompanie keinen Offizier.

Meine Verlegenheit war nun außerordentlich, alle Vorstellungen, welche sowohl ich als die beiden anwesenden Herren Offiziers Leutnant v.Langen und v.Elterlein ihnen machten über ihr unrechtmäßiges Verfahren und dass sie auf diesem Weg der Gefangenschaft nicht entgehen könnten, fruchteten nichts, sie blieben dabei, dass mehrere preuß: Offiziers ihnen versichert hätten, kämen sie nun nach Magdeburg, so würde man ihnen blaue Röcke anziehen und da sie nur dem Churfürsten von Sachsen, nicht aber dem König von Preußen Treue geschworen hätten, so würde sie auch nichts abhalten, zurück in ihr Vaterland zu kehren. Dieses ihnen auszureden war ohnmöglich; ich bemächtigte mich daher des Boten - dies war der Schmied von Breitungen - und erklärte, dass wer seine Schuldigkeit tun wollte, möchte mir folgen, ich würde sie dahin führen, wo man uns hin bestimmte; es brachen hierauf soviel ich bei der Dunkelheit der Nacht nur bemerken konnte, der größte Teil der beiden Grenadierkompanien von Thümmel aus und folgten mir; ich musste geradewegs wieder auf Breitungen en retour und setzte sodann meinen Weg über Uftrungen und Stollberg nach Wernigerode fort in der Überzeugung, den Capitain v.Vitzthum mit der 1sten Kompanie von Friedrich einzuholen.

Da der Marsch von Breitungen über Stollberg bis nach Wernigerode ein Weg von wenigstens 14 Stunden enthält und der Marsch etwas schnell gehen musste, teils um den Capitain v.Vitzthum einzuholen, teils aber auch um Wernigerode zu erreichen, wo ich schlechterdings eintreffen musste, um Nachricht wegen unserer weiteren Bestimmung zu erfahren, so geschah es denn, dass der größte Teil der mir gefolgten Mannschaft vor Müdigkeit liegen blieben, so das ich nur mit 2 Offiziers Leutnant v.Langen und v.Elterlein, 4 Unteroffiziers und 60 Mann gegen 10 Uhr Abends in Wernigerode eintraf.

Dort erfuhr ich nichts von dem Capitain v.Vitzthum, daher wendete ich mich an den daselbst eingetroffenen Herrn Obrist Leutnant v.Thiollaz, welcher mir befahl, mich den folgenden Tag früh um 6 Uhr an seinen Trupp, aus dem Überrest seines Bataillons und Gesammelten von verschiedenen Regimentern bestehend, mit anzuschließen.

Nachdem nun aber der Herr Obrist Leutnant v.Thiollaz Nachricht von Annäherung des Feindes erhalten, so beschleunigte er den Aufbruch so, dass als ich früh um 5 Uhr zu ihm gehen wollte, ich selbigen begegnete, als er im Begriff stand, seinem Trupp nachzureiten, welcher bereits schon die Stadt verlassen hatte.

Es war gedachter Herr Obrist Leutnant wegen der großen Eile, in welcher der Abmarsch gegen musste, nicht vermögend gewesen, mich eher hiervon zu benachrichtigen.

Ich war nun nicht im Stande meine Leute, so erst um $1/2$ 6 Uhr bestellt waren, so geschwind zusammen zu bringen, ich nahm also bloß einige Vorfindende zusammen, um nur dem Trupp des Herrn Obrist Leutnant v.Thiollaz erreichen zu können und ließ einen Unteroffizier zurück, welcher die Fehlenden auf den Weg über Halberstadt nach Magdeburg verweisen sollte. Allein nachdem in Halberstadt der Herr Obrist Leutnant v.Thiollaz das Aviso erhielt nicht nach Magdeburg sondern links ab, nach Tangermünde zu, seinen Weg zu nehmen, so geschah es denn, dass auch diese Nachfolgenden von mir abkamen, indem ich auch wegen der Nähe der Franzosen einen Unteroffizier zurückzulassen nicht wagen durfte. Es bestand demnach meine unter Kommando habende Mannschaft in

2 Offiziers v.Langen und von Elterlein

2 Unteroffiziers	I von meiner unterhabenden
11 Grenadiers	I 1sten Gren.-Kompanie
3 Grenadiers	von der 2ten Gren.-Kompanie

Mit diesen verblieb ich nun unter Kommando des Herrn Obrist Leutnant v.Thiollaz. Der Marsch ging über Oschersleben nach Tangermünde und Werben. Bei Sandow ward die Elbe passiert und da in der Folge bei Havelberg von dem Fürst v.Hohenlohe ein Aviso einging, nach welchen der Herr Obrist Leutnant v.Thiollaz sich bestimmte, den Rückweg ins Land anzutreten, so marschierten wir über Kahlhausen, Kleitz nach Gommern, woselbst erst von dem daselbst kommandierten franz: General Colbert die Bestätigung der bestehenden Konvention mit den franz: Truppen in Erfahrung gebracht wurde; von da nahmen wir weiter unseren Weg über Zerbst, Roßlau und Dessau, Schiel, Schwemsel.

Hier entließ der Herr Obrist Leutnant v.Thiollaz mich, um den nächsten Weg nach Wurzen kehren zu können, worüber ich Ew: Hochwohlgebr: bereits unterm 3ten hujus Rapport erstattet.

Bericht Capitain Vitzthum v.Eckstaedt[20]
(2te Grenadier-Kompanie Regiment v.Thümmel)

Ew: Hochwohlgebr: habe ganz gehorsamst zu melden nicht unterlassen sollen, dass ich Endesunterschriebener nebst dem Sousleutnant v.Trützschler und 6 Grenadiers gestern als den 2ten Novbr: d.J. Nachmittags allhier eingetroffen bin und ermangele nicht zugleich anzuzeigen, wie ich das Bataillon bis zum 18ten Oktbr: geführt und bis Breitungen gebracht habe, wo mir den 17ten ejsd: durch den Leutnant v.Trützschler der Befehl überbracht wurde, dass ich mit dem Bataillon den 20ten gedachten Monats in Magdeburg eintreffen sollte.

Als ich die zu diesem Marsche nötigen Anordnungen machte und den 18ten Oktbr: früh 3 Uhr das Bataillon vor Breitungen aufstellte, wo die Kompanien wegen Mangel an erforderlichen Raum nicht in einer Linie sondern en colonne aufzustellen waren und deshalb bei der letzten Kompanie verweilte, bis auch diese in die Linie marschiert war, so setzte ich mich zu Pferde, erhielt aber zugleich von Herrn Leutnant v.Doering durch den Leutnant v.Trützschler die Nachricht, dass die Kompanien ausgebrochen wären, um nicht mit nach Magdeburg zu marschieren und nur noch der Leutnant v.Doering mit der 1sten Grenadier-Kompanie Regiment Prinz Friedrich August meiner wartete.

Sogleich verfügte ich mich eiligst zu selbiger, die auch Willens war, ihren eigenen Weg zu marschieren. Auf mein Zureden verweilte solche zwar noch kurze Zeit, trennte sich aber dennoch auch von mir, wo denn weiter

---

[20] An Se: des Hern Obrist Leutnant v.Metzsch Hochwohlgebr: / Ganz gehorsamster Rapport / Colditz am 3ten Novbr: 1806 / Hartmann Julius Vitzthum v.Eckstaedt, Grenadier-Capitain

nichts übrig blieb als der Leutnant v.Doering, v.Lenz und v.Trützschler.

Mit selbigen setzte ich zwar meinen Weg fort und schloß mich an einen Teil vom Bataillon v.Lecoq, den ich traf, an und marschierte mit selbigen nach Wippern, wo ich Herrn Obrist Leutnant v.Hund mit seinem Bataillon antraf und mich an selbigen anschloß und mit solchen bis nach Eisleben marschierte, wo wir einen französischen Offizier antrafen, der nach Erfurt zurück reiste, um uns die nötigen Befehle von Herrn General le Claire zu überbringen.

Gedachter Capitain kam auch den dritten Tag zurück und überbrachte den Befehl, dass wir nach Sömmerda bei Weißensee marschieren sollten, um von da mit einem Pass versehen nach Dresden, wo man den Versammlungsort der sächsischen Armee vermutete, uns zu begeben. Es wurde uns zwar die Armatur abgenommen, solche aber in einem Zeitraum von 24 Stunden nachzufahren und in Rochlitz wieder zu erhalten versichert, welches auch erfolgt ist. Pässe erhielten jedoch von gedachten Herrn General nur der Herr Obrist Leutnant v.Hund und der älteste Artillerie-Offizier von dem bei uns befindlichen Artillerie-Detachement nach welchen wir bis Dresden zu marschieren verwiesen wurden.

Als wir aber heute über Geringswalde marschierten, äußerte mehrgedachter Herr Obrist Leutnant v.Hund, dass ich mit der bei mir habenden Mannschaft in mein Standquartier, da solches nahe wäre, zurück gehen könnte, welches er vertreten und in seinem Rapport mit erwähnen würde, worauf ich mich dann auch anher verfügte.

Bericht Capitain v.Bosse[21]
(2te Grenadier-Kompanie Regiment Prinz Friedrich)

Ew: Hochwohlgebr: melde gehorsamst, dass die beiden Grenadierkompanien des Regiment Friedrich August auf der Retraite nach der Bataille am 14ten Oktbr: 1806 bis zum 18ten nach Breitungen marschiert sind.

Der Leutnant v.Doering von der 1sten und v.Lenz von der 2ten Grenadierkompanie waren bei selbigen und an diesen Tagen unter Kommando des Herrn Capitain Vitzthum v.Eckstaedt vom Regiment General Major v.Thümmel, sämtliche Mannschaft ist dort aufgebrochen und ein großer Teil derselben hernach gefangen, die Waffen, Grenadier Mützen, Lederwerk und Tornister genommen, eine Weile transportiert, auch viele frei gelassen, um in ihre Heimat zu gehen.

Der größte Teil dieser Mannschaft hat sich hernach bei dem Regiment und den Kompanien gemeldet.

Die überall verbreitete Sage, dass Sachsen und das Vaterland verheert werden sollte, wenn die Truppen sich mit den Königl: Preuß: wieder vereinigten und der Anschein von dem Festungsdienst in Magdeburg, hat diese zum Teil schon selbst bestrafte Insubordination herbeigeführt.

Der Premierleutnant v.Zanthier ist vom 13ten Oktbr: an als Offizier der General Wacht bei Se: Exzellenz den Herrn General v.Zezschwitz und bei der Bataille in der Suite desselben gewesen, wo er zu Überbrimgung von Befehlen gebraucht worden, dann mit Se: Exzellenz nach Barby gekommen und von dort hier eingetroffen.

---

[21] An des Hern Obrist Leutnant v.Metzsch Hochwohlgebr: / Ganz gehorsamster Rapport / Belgern am 10ten Novbr: 1806 / Carl Hieronymus v.Bosse, Grenadier-Capitain

Der Premierleutnant v.Bünau 1ste, welcher durch einen Schuß am rechten Schenkel blessiert wurde und hernach einen Säbelhieb auf der rechten Schulter, der jedoch nicht eingedrungen, erhielt, war seit dem 19ten Oktbr: bei mir in Magdeburg und meldete sich mit der Leibfahne unseres Regiments und einem Kanon des Bataillons von Thiollaz, welche er auf dem Schlachtfeld irrend angetroffen hat.

Der Sousleutnant v.Lenz und v.Doering sind seit den 18ten mit dem Herrn Obrist Leutnant v.Hund marschiert und hier eingetroffen.

Der Sousleutnat v.Rohrscheidt, welcher mit dem Capitain v.Vitzthum zugleich am 13ten Oktbr: auf Feldwacht kommandiert war und mit selbiger bei der Bataille bei verschiedenen Regimentern und Bataillons sich befunden hatte, ist ebenfalls hier eingetroffen.

Der Sousleutnant v.Bünau befindet sich mit einem franz: Pass nach Dresden beurlaubt.

Mich nötigte die Müdigkeit eines Pferdes und der empfindliche Schmerz am linken Fuß, wo, wie Ew: Hochwohlgebr: wissen, ich zu Anfang der Bataille durch einen Prellschuß blessiert wurde, jedoch das Kommando meiner Division behielt, den 2ten Tag des Marsches, nachdem ich den Sousleutnant v.Lenz meine Kompanie übergeben, mit den Sousleutnant v.Tilling des Regiments, welcher ebenfalls durch einen Schuß in die rechte Seite blessiert war, voraus zu reiten, um auf dem Weg zu füttern und etwas auszuruhen. Ich holte sie nicht wieder ein, verfehlte daher ihre ungewisse Marschroute und ging, nachdem ich den 17ten Oktbr: in der Nähe des Gefechtes des Reserve Korps unter den Prinzen v.Württemberg war und daselbst keine Sammlung von Truppen vermuten konnte, nach Magdeburg, wo ich den 18ten eintraf und dann auf Befehl über Barby zurück in das Standquartier.

An Equipage ist bei der 1sten Grenadierkompanie nichts als der Brotwagen gerettet und haben alle Herren Offiziers ihre Equipage verloren.

Bei der 2ten Kompanie ist ebenfalls der Brotwagen, Beimontur und etwas Feldequipage, meistens auf einen Vorspannwagen, gerettet, so wie die meiste Equipage des Premierleutnant v.Bünau und die ganze Equipage des Sousleutnant v.Lenz.

Meine eigene Equipage, das Kompanie Archiv sowie die Equipage des Sousleutnant v.Rohrscheidt ist verloren.

Sämtliche vorhandenen Pferde sind den 6ten Novbr: in Oschatz bei dem Regimentsgerichte versteigert worden.

———

Bericht Premierleutnant v.Bünau[22]
(?te Grenadier-Kompanie Regiment Prinz Friedrich)

Am Tage der Schlacht von Jena wurde ich in dem unterhabenden Grenadierbataillon, wie Ew: Hochwohlgebr: gesehen haben, von einer Flintenkugel in den rechten Oberschenkel so blessiert, dass ich mich aller Anstrengung ungeachtet außer Stand gesetzt fühlte, im Bataillon länger stehen zu bleiben, weil die wahrscheinlich einen Nerv berührende Kugel mir den Gebrauch des Fußes ganz unmöglich machte.

---

[22] An Se: des Hern Obrist Leutnant v.Metzsch Hochwohlgebr: / Ganz gehorsamster Rapport / Strehla den 19ten Dezbr: 1806 / Rudolph v.Bünau 1ste, Premierleutnant

In dem hinter dem linken Flügel des Bataillons gelegenen Gehölz wurde mir die Kugel herausgezogen und die Wunde verbunden, worauf ich mich auf mein Pferd setzte und den Königl: preuß: und sächs: Blessierten nach ritt.

Ohngefähr $1/2$ 11 Uhr traf ich mit diesem Mannschaften in einem von Gehölz umgebenen Tale ein, wo sich eine etwas sumpfige Wiese befand; hier nun wurden wir mit dem wildesten Geschrei von einem im Tal heraufkommenden franz: Chasseur angefallen, dem ich ohne weiteres Besinnen /: indem die Blessierten ins Holz liefen :/ entgegen ritt. Nun erfolgte ein Gefecht, dass, obschon ich einen Hieb durch den Hut auf die rechte Schulter und Brust erhalten habe, sich durch einen den wahrscheinlich betrunkenen Chasseur beigebrachten kräftigen Hieb ins Gesicht zu meinem Vorteil endigte. Durch das Zurufen der blessierten Mannschaft aufgemuntert, wollte ich nun den die Flucht ergreifenden Chasseur entweder gefangen nehmen oder vom Pferde stechen, als ich im Verfolgen gewahr wurde, dass in dem Gehölze, wohin er seine Zuflucht nahm, mehrere Feinde, die auch sogleich nach mir schossen, ankamen. Der Übermacht weichend, ritt ich nun mit möglichster Anstrengung den gegenüber liegenden sehr steilen Hochberg hinauf, ohne mich weiter um die zurückgebliebenen Blessierten bekümmern zu können.

Da ich nun von der Höhe des unbesetzten Berges bemerken konnte, das feindliche Kolonnen nach der Gegend unseres verlassenen Lagerplatzes als gegen die Schnecke vordrangen, musste ich mich mehr gegen Apolda wenden.

Hier fand ich bald ein vom Grenadierbataillon von Thiollaz abgekommenes und auf freiem herumirrendes Regiments-Kanon N° 73, einen dazu gehörigen Munitionswagen N° 43 und 3 Artilleristen. Allen Schmerzen ungeachtet machte ich es mir sogleich zur schuldigen Pflicht, dieses Kanon nebst Zubehör nicht allein unter mein Kommando zu nehmen, sondern auch, es koste was es wolle, vor der bevorstehenden Gefangenschaft zu retten; fand bald auch die Fahne des 1sten Bataillons vom Infanterie-Regiment Prinz Friedrich August, die auf die Kanone gebunden wurde und setzte nun den Marsch, immer mehr Mannschaften sammelnd, so fort, dass mit Cölleda links blieb und ich nach einem genommenen Nachtquartier den mir sicher scheinenden Weg gegen die Sachsenburger Brücke immer wieder annehmen konnte.

Um nun nicht zu verfehlen, was der Dienst verlangt, meldete ich mich mit diesem noch zum Dienst tüchtigen und mit Munition versehenen Kanon bei allen mir vorkommenden sächs: und preuß: Generals und Stabsoffiziers, bat um Anstellung oder Verhaltungsbefehle, erfuhr aber von Allen — — Nichts.

Nach weiter fortgesetzter Retraite hielt es ebenso für Schuldigkeit, mich in Nordhausen im Königl: Hauptquartier als bei Se: Hoheit den Prinzen Wilhelm von Preußen selbst zu melden und um Befehle zu bitten. Die Freude über ein hier schon etwas selten gewordenes Kanon bewirkte nicht allein Äußerungen der größten Zufriedenheit sondern auch eine sehr schmeichelhafte Aufnahme für mich.

Um die Retraite des Königs zu decken, wurden wir in ein sehr schwach bei Nordhausen formiertes preuß: Infanterieregiment eingeteilt. Mit diesem Regiment marschierte ich bis gegen das nahe Harzgebirge. Bald schlug es einen Fußweg ein, der nicht mit Kanonen befahren werden konnte, auch verbreitete sich während dieser Zeit das falsche Gerücht vom Vordringen der Franzosen, welches einen panischen Schreck in die zerstreuten Truppen brachte, zu allergrößten Unordnungen, ja selbst zur Plünderung der preuß: und sächs: Equipage Veranlassung gab.

Das Regiment, zu welchem ich gewiesen war, hatte auch für zweckdienlich gehalten, sich einzeln in dem Harzwald zu zerstreuen; ich blieb mir daher wieder selbst überlassen und setzte nun meinen Marsch dem in Nordhausen erhaltenen Befehl zu Folge ohne weiteres Nachfragen nach Magdeburg fort. Vor dem Tore dieser Festung ließ ich Kanon mit Zubehör halten und meldete mich bei allen preuß: und sächs: Militärbehörden.

Es wurde vom Gouverneur, weil die Straßen in Magdeburg sehr verfahren waren, verboten eher als bis 4 Uhr Nachmittags etwas von Fuhrwesen durch die Tore einzulassen.

Dieses sind die Hauptzüge der Begebenheiten, die mich und meinem Kommando Untergebenen von Tage der Schlacht bis zum Einrücken ich Torgau betreffen und welche ich Fw: Hochwohlgebr: ganz gehorsamst vorzutragen befehligt bin.

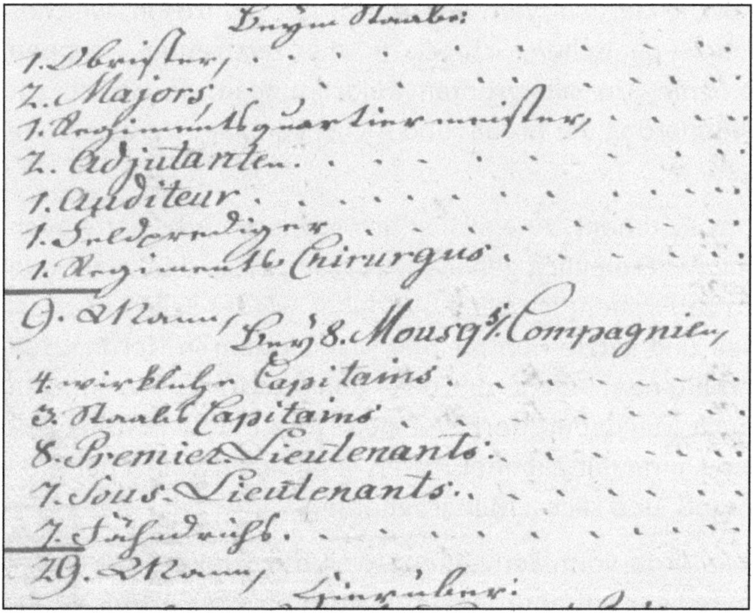

Beym Staabe:
1. Obrister,
2. Majors,
1. Regiments Quartiermeister,
2. Adjutanten.
1. Auditeur.
1. Feldprediger
1. Regiments Chirurgus.
9. Mann, bey 8. Mousq. Compagnien,
4. wirkliche Capitains.
3. Staabs Capitains.
8. Premier Lieutenants.
7. Sous Lieutenants.
7. Fähndrichs.
29. Mann, hierüber:

Abb. 04 Offizierskorps der mobilen Musketier-Bataillone des Regiments v.Thümmel (Auszug Feldverpflegungsreglement)

Teil III

Infanterie-Regimenter

Infanterie-Regiment v.Thümmel

Tagebuch unbekannter Subaltern-Offizier[23]

Den 28n Septbr: 1806 Abmarsch von Grimma über Colditz und Rochlitz nach Königshayn. Wir begegneten zu erst vielen Preußen.

Den 29n Septbr: In der Nacht erhielten wir Ordre, nicht nach Chemnitz sondern nach Lausigk zu marschieren.

Den 30n Septbr: Rasttag in Lausigk. Mittag mit Cerrini und Elterlein nach Prießnitz, wo wir sehr lustig waren.

Den 1n Oktbr: Marsch durch Borna bis Blumenroda[24] bei Altenburg

Den 2n Oktbr: Bei scheußlichstem Regen durch Altenburg marschiert ... (Fortsetzung in Heft 3

---

[23] Diese Notizen gehören unstreitig zu den in Heft 3 abgedruckten Tagebuch. Es muss sich bei dem Offizier um einen solchen der in Grimma stationierten Kompanie des Capitain v.Nehrhoff handeln.

[24] Blumroda = Dorf südwestlich von Borna, das in den 1950ern dem Tagebau Borna-West zum Opfer fiel. Seine Flur gehört heute zu Thräna

5.   Quellen

Hauptstaatsarchiv Dresden

Bestand 10026 Geheimes Kabinett Akte Los 1202/1

Bestand 12662 Nachlass Clemens Fanziskus Xaver Freiherr Cerrini di Monte Varchi Akte 04

Stamm- und Rangliste der Chur-Sächsischen Armee für das Jahr 1806 – Dresden 1806

Stamm- und Rangliste der Königl. Sächsischen Armee auf das Jahr 1807 – Dresden 1807

———

Bei BOD sind in dieser Reihe an Berichten und Tagebüchern bisher u.a. erschienen: